RECVEIL
DE CHANSONS
SPIRITVELLES,
AVEC LES AIRS
nottez sur chacune d'icelles.

AINSI RECVEILLIES
ET ACCOMMODEES
PAR
M. IEAN ROVSSON PRESTRE
nagueres Curé de Chantenay.

Beatus populus qui scit iubilationem.

Le peuple est bien-heureux, qui sçait se resioüir au ser-
uice de Dieu, & son sainct Nom benir. Pfal. 88.

A LA FLECHE,
Chez Lovys Hebert Imprimeur, à l'Enseigne
du Nom de Iesvs pres le College Royal.

───────────

M. DC. XXI.
Auec Approbation.

DE
L'OBLIGATION
QVE NOVS AVONS
DE SERVIR A DIEV, ET
de chanter ses loüanges.

IL est certain, ô Enfans de Dieu, que, La plus belle & meilleure de toutes les sciences que l'Homme puisse sçauoir en ce Monde est, se cognoistre soymesme: Car, celuy qui se cognoist creature, recognoist aussi qu'il y a vn Createur. Celuy qui se cognoist seruiteur, n'ignore pas qu'il y a vn Maistre. Celuy qui recognoist qu'vn temps a esté qu'il n'estoit rien du tout, ne peut douter qu'vn plus grand que luy ne l'ait faict ce qu'il est. Celuy qui aperçoit bien que de luy mesme ne peut subsister, ne peut aussi ignorer qu'il y en a vn autre plus puissant que luy qui le côser-ue. C'est de là que prouient la crainte, l'amour, la Foy, l'Esperance & toutes les autres vertus. Et voila les biés qui, entre plusieurs autres, procedent de la cognoissance de soy-mesme. Le Philosophe Socrates faisoit tant estat de la co-gnoissance que chacú doit auoir de soy mesme,

ã ij

qu'il donnoit aduis à ses disciples qu'ils se regardassent souuent dans vn miroir, à fin que s'ils apparoissoient beaux exterieurement, ils s'efforçassent de l'estre encores plus en l'interieur: Et si, au côtraire, leur visage ne se trouuoit beau, ils eussent soin de rendre leurs ames belles. Auicenne conseilloit la mesme chose à ceux qui auoyent la bouche mal-faicte: à fin que se voyãs ainsi difformes, ils donnassent ordre de corriger & recôpenser ceste imperfection par quelques beaux & agreables discours. Le diuin Platon disoit aussi que, il n'y a chose plus indigne de l'Homme que de ne cognoistre son Createur & soy-mesme: & que, la cognoissance de Dieu & de soy-mesme est la lumiere de la vie humaine. Il est vray, car, Si l'Homme ne s'esleuoit par dessus les choses humaines, il ne seroit pas hôme ; autant luy vaudroit n'auoir esté creé puis

qu'il est nay pour cognoistre Dieu par la consideration de ses œuures, & pour chanter ses loüanges. Si l'Homme se cognoissoit, il cognoistroit aussi qu'il surmôte en dignité, en noblesse & excellance toutes autres creatures inferieures : voire que le Monde & toutes les choses y

contenuës ont esté crees pour son seruice & à son occasion. Il cognoistroit clairement que Dieu ne nous a point creez pour necessité aucune qu'il eust de nous, ains seulement par ce qu'il vouloit auoir des creatures au Monde capables

de remarquer les merueilles du Ciel, d'admirer le Createur de toutes choses, de recognoistre sa puissance, sa bonté, sa grandeur : & là dessus prédre subiect de le loüer, de l'aymer, de le crain;

dre, de s'humilier deuant luy, d'accomplir sa
volõté, & se resoudre en fin de mourir plusttost
que de l'offencer mortellement.

Si nous considerons l'histoire de la creation
du Monde, nous y apprendrõs de beaux secrets
de la dignité de l'Homme. Car, Quand Dieu
voulut creer l'Homme, il crea premierement
le lieu où il vouloit le loger, sçauoir est le Monde, & l'approuisionna de toutes sortes de com-
moditez pour l'entretien de la vie humaine : il
l'embellit de cette grãde & merueilleuse voulte
celeste, azurée, diaprée, ornée de tãt d'Estoilles,
& enrichie de ces deux admirables flambeaux
le Soleil & la Lune pour l'ornement du Monde
& la commodité des humains. Puis, pour faire
encores mieux entãdre la dignité de l'Homme,
& le soin qu'il auoit de le bien accommoder, il
luy prepara le Paradis terrestre, lieu remply de
tous plaisirs & contentemens: & alors il delibe-
ra donc de creer l'Homme: où plusieurs choses
remarquables font cognoistre la noblesse d'i-
celuy. Car, premierement, en la creation de toutes les autres creatures, le Createur n'vsa d'aucune deliberation, ains de sa simple parolle seulle-
ment, disant: *fiat lux, & facta est lux*, que la lumiere soit faite, & la lumiere fut faite: *fiat firmamen-
tum*: & le firmament fut faict: & ainsi de tout le
reste Mais quand il voulut creer l'Homme, il
vsa de grande deliberation disant : *faciamus ho-
minem ad imaginem & similitudinem nostram*, comme s'il eust dit, faisons maintenant vne creature
semblable à nous, à fin que comme il n'y en a
qu'vn qui regne & commande au Ciel (sçauoit

est Dieu) l'Homme soit aussi comme maistre &
seigneur sur la Terre, en sorte qu'il represente
icy-bas vn Dieu terrien: *Præsit piscibus Maris, vo-
latilibus Cœli, & bestijs vniuersæ Terræ, omnique re-
ptili quod mouetur in Terra.* Qu'il ait domination
sur les poissons de la Mer, & sur les oiseaux du
Ciel, & sur les bestes, & sur toute la Terre, & sur
tout reptile qui se remuë sur la Terre. Tellemét
que comme il auoit creé les intelligences pour
le loüer & glorifier au Ciel, il voulut aussi auoir
des creatures raisonnables & capables d'entendement pour chanter ses loüanges en Terre. Et
faut encores entédre que Les trois diuines personnes de la S. Trinité prindrent aduis ensem-
blement pour creer l'Homme disant : *Faisons
l'Homme à nostre image & semblance,* pour faire des-
ja entendre que la seconde personne d'icelle S.

Trinité se feroit homme. Que faut-il donc dauantage pour recommander l'excellance de
l'Homme?

La seconde cósideration qui fait cognoistre
la dignité de l'Hóme est que, Dieu ne crea pas
l'Ame & le Corps d'iceluy ensemble, comme il

auoit fait en tous les autres animaux, ains crea
le Corps à part, puis par vn doux & viuifiant
soufflement y inspira l'esprit de vie, pour asseurer que nos Ames ne sont prises de la Terre, ny
d'aucun des autres Elements, mais qu'elle est
toute celeste, diuine & immortelle. Et apprenõs

encores de cela que, Il y a de deux sortes de
creatures, les vnes spirituelles, comme sont les
Ames & les Angés; les autres corporelles, cōme
sont les Cieux & tout ce qui est au dessous d'i-

ceux. L'Homme eſt comme au milieu des vnes
& des autres, & participe de la nature de toutes
les deux: ſi biē qu'il peut imiter la pureté & perfection des Anges, ou la vie des beſtes: Il ſe peut
rendre tout ſpirituel, s'addónant aux exercices
de l'eſprit, ou tout charnel, s'arreſtant aux œuures charnelles. De façon que la perfection &
felicité de l'Homme conſiſte, d'vn coſté, en vne
vraye ſeparation des choſes mondaines, &, de
l'autre, en vne coniunction & vnion auec Dieu
noſtre Createur. Les Philoſophes meſmes ont
bien entendu que nos Ames ne prouiēnent pas
de la nature de nos Corps cóme font celles des
autres animaux, ains viennent d'ailleurs : par ce
qu'icelles eſtans ſubſtances ſpirituelles, comme
les Anges, ne peuuent proceder de choſes ma-
terielles, attendu qu'il n'y a proportion aucune
de l'vn à l'autre : & que l'Homme ſe peut vnir,
non ſeulement auec les ſupreſmes intelligēces,
qui ſont les Anges, mais auſſi auec le ſouuerain
intellect, qui eſt Dieu (non que cela ſe puiſſe faire par nature ou eſſence, mais bien par imitatiō)
tellement qu'il peut eſtre appellé homme celeſte, ou Ange terreſtre.

La troiſieſme conſideration eſt que, Dieu no-
ſtre Seigneur voulut ainſi creer l'Homme de
deux parties contraires, l'vne celeſte, & l'autre
terreſtre, à fin que nous venans a conſiderer noſtre dignité d'vne part, & noſtre miſerable infirmité d'autre, nous meſpriſons la Terre pour
aſpirer au Ciel ſelon l'aduertiſſemēt qu'en don-
ne S. Paul diſant: *Si vous viuez ſelon la chair, vous
mourrez : mais ſi par l'eſprit vous mortifiez les œuures*

Iob 5.

Cic. lib. 2.
de Legib.

L'image de
Dieu rend
nos Ames
excellantes.
Histoire.

de la chair, vous viurez. Le sainct homme Iob sçauoit bien cela, il en parloit ainsi: *Visitans speciem
tuam non peccabis.* Comme s'il eust voulu dire,
Considere souuent la dignité, la beauté & excellance de ton Ame, tu la trouueras cree à l'image
de Dieu & si precieuse que iamais ne t'aduien-
dra de la laisser dechoir en l'ordure du peché.
Les Payens sembloyét recognoistre l'image de
Dieu en nos Ames, si bié que l'vn d'iceux disoit:
Qui seipsum nouit, sentit se habere aliquid diuinum.
Celuy qui se cognoist apperçoit bien qu'il a en
soy quelque chose de diuin. Si donc cest'image
de Dieu nous rend si excellans, en quel honneur
& reueréce la deurions-nous auoir? Pline recite
que, Le Roy Demetrius ayant vn iour fait assie-
ger la ville de Rhodes, & y voulant faire mettre
le feu, on luy dist que l'image de Protogene, excellant peintre, estoit dans le Temple & qu'elle
seroit donc aussi bruslée: ce que le Roy ayant
entendu fist promptemét leuer le siege, & ayma
mieux perdre la victoire que faire brusler la sta-
tuë de cest homme. Si Demetrius fist si grand
estat d'vn vain & ridicule simulachre, combien
(ie vous prie) deuons-nous estimer l'image de
la Diuinité que nous auós enclose en nos Ames
qui sont, ou doyuent estre, le temple de Dieu?
Combien souuent deurions-nous côsiderer nostre excellance & dignité à fin de ne nous laisser
tomber en peché, qui seul gaste & noircist ceste
image de Dieu? Aristote, & apres luy S. Gregoire Nazianzene, font recit de certaine ieune fille
qui vn iour ioüant d'vn haubois sur le bord d'v-
ne fontaine, & se voyant dans l'eau les ioües
enflees

enflees & le visage difforme, elle ietta prompté-
ment ses instrumens de musique, les rompit, &
protesta de n'en iouer iamais. Si aussi nous con-
siderions que c'est le peché qui gaste l'image de
Dieu en nous, nous l'abandônerions du tout, &
l'aurions en horreur plus que la mort.

Quatriesmement, nous pouuons considerer
que, Dieu pouuoit bien commettre la creation
de l'Homme àvn Ange, ou à quelqu'autre de ses
creatures : mais neantmoins il voulut le creer
luy-mesme & de sa propre main, pour mieux
faire entédre l'excellance de cet ouurage. Mais
quelle plus grande dignité l'Homme pourroit-
il souhaitter que d'estre creé de la main mesme
de Dieu, & à son image? L'aueuglement est grád
entre les hommes, qui negligeans de recognoistre leur dignité, se laissent dechoir en vne vilité
trop basse & plus que brutale. Ce que le Roy
Dauid deploroit en plorant & disoit : *Homo cùm*
in honore esset, non intellexit : comparatus est iumentis
insipientibus & similis factus est illis. L'Homme
ayant esté doüé de tant de graces, creé à l'image
de Dieu, & destiné au supresme degré de gloire,
il ne l'a pas voulu entendre: ains oubliant sa dignité, s'est rendu tout terrestre: & abandonnant
la raison, s'est laissé emporter si auant à la sen-
sualité, qu'il n'y a autre difference de luy aux
bestes bruttes, sinon qu'elles meurét tout à vne
fois, & luy se prepare aux tourmens d'Enfer qui
durerót à iamais. Dieu l'auoit creé à sa semblance, plus excellant que le Ciel & la Terre, pour
l'obliger dauátage a recognoistre son Createur,
le glorifier & honorer : & neantmoins il ne se

trouue creature plus ingrate en cela que l'Hô-me : Le Bœuf recognoiſt ſon maiſtre (diſoit vn Prophete) & l'Aſne recognoiſt la creche de ſon bien-faĉteur, mais l'Homme ne veut point co-gnoiſtre ſon Createur. C'eſt à dire que, Les be-ſtes recognoiſſent ceux qui leur font du bien & ſe rendent obeiſſantes à eux : Il n'y a que l'Hom-me ingrat, & ne recognoiſſant les biens ineſti-mables qu'il a reçeu & reçoit chacun iour du Ciel : Et, la choſe plus deplorable en cela, eſt qu'il ſemble vouloir mourir en ceſt endurciſſe-ment. C'eſt pourquoy le Prophete Ioel appelle telle ſorte de perſonnes iumenrs, diſant : *Compu-truerunt iumenta in ſtercore ſuo*, Que les iuments ſont pourries en leur fumier. Côme s'il euſt dit plus clairemét que : Les libertins môdains ſont tellemét adonnez à leurs libertez vicieuſes que quelques aduertiſſemés & remonſtrãces qu'on leur puiſſe faire, ils demeurent touſiours obſti-nez en leurs libertez brutales. Vn Ancien a dit que : *Fœdius ingrato nihil eſt quod procreet Orbis.*

L'Vniuers ne produit rien de plus execrable,
Que l'ingrat inhumain (engeance deteſtable.)

La cinquieſme choſe que nous deuons con-ſiderer eſt que, Entre tous les autres animaux de la Terre, Dieu a creé l'Hôme droit, & le viſage éleué vers le Ciel, pour faire entendre qu'il eſt plus celeſte que terreſtre. Quelques Autheurs anciens ont dit que, l'Homme eſt vne plante celeſte enracinee au Ciel. Les autres plâtes ont leurs racines en terre, mais Dieu a voulu que l'Homme ſeul ait la teſte éleuee en l'air comme eſtant planté au Ciel pour y prendre ſa princi-

pale nourriture: car les plantes qui ont leurs racines en la terre, tirēt leur nouriture de la terre:
mais l'Homme, qui est vne plante celeste, & qui
a ses racines (sçauoir est, ses cheueux) plantees
vers le Ciel, doit attirer son alimēt du Ciel. Puis
donc que nous sommes naiz pour le Ciel, nous
deuons aymer le Ciel, estre honteux de nous rē-
dre seruiteurs de la Terre, & de nous tenir ainsi
attachez aux vanitez transitoires de ce monde.
C'est ce que remonstroit S. Gregoire disant:
Ainsi que le Ciel est infinimēt haut au dessus de
la Terre, aussi doyuent estre éleuez nos desirs
spirituels par dessus les affectiōs terrestres. C'est
aussi ce que nostre Seigneur vouloit faire entē-
dre (dit S. Basile) quand il disoit : *Regardez les oi-*
seaux du Ciel. Il veut que nous ressemblons aux
oiseaux du Ciel, non aux bestes qui rampent sur
la Terre : Il veut que nostre cœur ait des ailes
pour voller au Ciel & fuir les solicitudes du
Monde. La poussiere de la terre offense les yeux
en sorte qu'ils ne peuuent regarder la clarté du
Soil: & les mondanitez terrestres offusquēt tellemēt les yeux de l'Ame qu'elle ne peut voir la
lumiere diuine : Dieu ne nous a pas creez pour
deuoir nous rendre seruiteurs de nos corps, cōme sont ceux qui font plus d'estat de la Terre
que du Ciel, des richesses d'iniquité, que des
thresors perdurables : nous sommes naiz pour
choses plus grandes. Si nous n'estions creez que
pour la Terre, & si n'auions asseurance d'vne autre vie apres la mort de nos corps, il faudroit dire auec S. Paul que nostre condition seroit du
tout miserable. Mais (comme il dit ailleurs)

Nous som-
mes naiz
pour le
Ciel.

Greg. in
Iob 21.

Matt. 6.

Si n'estions
naiz que
pour la ter-
re, nous se-
rions mise-
rables.
1. Cor. 15.

é ij

Noſtre conuerſation eſt es Cieux. C'eſt à dire que deuons nous recognoiſtre heritiers du Ciel, y éleuer tellement noſtre cœur, que meſpriſant toutes autres choſes nous exerçons vne vie en ce monde plus celeſte que terreſtre. *Nous n'auons point icy-bas de reſidance perdurable* (dit-il encores) *ains en cerchons vne autre,* qui nous ſoit aſſeuree apres la mort de nos corps. Noſtre-Seign. nous commande d'aſſembler nos threſors au Ciel, qui eſt noſtre vraye patrie, non-pas en terre, où ne ſommes qu'eſtrangers: *Theſauriſate vobis theſauros in Cœlo,* comme s'il diſot, Conſiderez qu'il n'y a richeſſes ſi precieuſes en ce Monde qui ne ſoyent periſſables, & que ſi vous deſirez auoir quelque choſe d'aſſeuré, il faut neceſſairement l'amaſſer au Ciel. Les Payens l'ont conſideré & entendu, puis qu'ils ont dit que: *Infra Lunam nihil eſt niſi mortale & caducum, præter animos generi hominum datos: ſed ſupra Lunam omnia ſunt æterna.* Il n'y a rien au deſſous de la Lune qui qui ne ſoit ſubiect à la mort ſinõ les Ames crees à l'image de Dieu: mais au deſſus des Cieux toutes choſes ſont perdurables. On liſt que le Philoſophe Anaxagoras ſe voyant vn iour blaſmé de ce qu'il laiſſoit perdre ſes poſſeſſions faute de les debattre par proces, il éleua les yeux, & monſtrant le Ciel diſt: *Illa eſt patria mea, illa hæreditas mea, illam ego curo, non ea quæ ſuper terram.* Quant à moy ie ne fay pas tant eſtat du Monde, ie ne ſuis pas nay pour la Terre, ains pour le Ciel qui eſt mon vray pays, c'eſt là où eſt mon heritage, où repoſent tous mes biens & toutes mes eſperances. Quelle raiſon y a-il donc que

Hebr. 13.

Matt. 6.

Cic. in Som. Scip.

Laërt.

nous, qui sommes Chrestiens, & naiz pour le
Ciel, attachons ainsi nos cœurs & toutes nos
affectiós à la Terre ? Le Roy Dauid n'en faisoit
pas ainsi, il sembloit n'auoir autre soin que de se
preperer à la vie perdurable, & apprendre par
quels degrez l'on peut monter au Ciel : *Qui est* Psal. 23.
celuy (disoit-il) *qui montera en la montagne de Dieu?*
Puis il respond que seront ceux-la qui n'auront
point molesté les pauures gens, ny vsurpé les
biens d'autruy, & qui auront conserué leurs
cœurs nets de toutes mauuaises affections (mais
i'en ay parlé plus amplement en nostre Iardin
de la Vierge, és Considerations sur le Mystere
de l'ASCENSION de nostre Seigneur.) Il est donc Dieu a creé
l'Homme
pour só ser-
uice, & le
Móde pour
le seruice de
l'Homme.
Psal. 8.
certain que, Dieu a creé l'HOMME pour son seruice, & le Monde pour le seruice de l'Homme.
Merueille si estrangement grande que nostre
Roy Dauid en estoit transporté d'admiration &
disoit, *Quid est homo quod memor es eius?* Comme
s'il eust dit : Il faut bien que l'Homme soit vne
creature excellante puis-que vous auez ainsi
souuenance de luy, ô bon Dieu, & que vous en
faites tant d'estat : Vous l'auez couróné de gloire
& d'honneur, & l'auez estably souuerain sur les
cœuures de vos mains : vous auez abaissé sous ses
pieds & à son seruice les bestes de la Terre, les
oiseaux du Ciel, & les poissons de la Mer. C'est
la remonstrance qu'vn ancien Pere faisoit aussi
à tout le Monde disant : Prens garde, ô homme,
& considere tout ce grand Vniuers, tu trouueras que toute la Nature cree tend à ceste fin de
seruir à ton vtilité : Le Ciel s'employe à ton seruice par son mouuement continuel : les Astres
é iij

par leurs influences : le Soleil te donne le iour, la Lune t'esclaire la nuict : le feu tempere la froideur de l'air, l'Air modere la chaleur du feu : l'Eau appaise l'ardeur de la soif, & rend la terre fertile : la Terre te souftient par sa solidité, elle te nourrift par sa fecondité, & te resioüift par sa beauté. Si bien que toutes creatures s'employent au seruice de l'Homme.

La sixiesme consideration qui nous fait remarquer la dignité de l'Homme est que, Dieu a deputé les Anges pour le garder. Dequoy le Roy Dauid voulant asseurer tout le monde, disoit, *Angelis suis Deus mandauit de te, vt custodiant te in omnibus vijs tuis*, comme s'il euft voulu dire plus clairemét : Ton excellance est si grande, ô homme, tu es vne creature si digne que le Dieu du Ciel a expreffemét cómandé à ses Anges sainéts de t'affifter, te preferuer & conduire : si tu luy es obeyffant & si tu accóplis sa volonté, ses Anges te porteront en leurs mains & te gouuerneront plus soigneusement que la mere ne gouuerne son enfant. La dignité des Ames est grande (dit sainct Hierome) puis que dés leur creatió Dieu a deputé vn Ange pour la garde & conseruation de chacune d'icelles. Et, quoy que soyons petits (dit aussi S. Bernard) nous n'auons neantmoins rien a craindre, puis que nous sommes sous la protection des Anges : ils ne peuuent eftre veincus ny trompez : ils font fideles, ils font prudés, ils font puiffans, pourquoy donc craindrons-nous? L'Escriture sainéte fait recit que, Le seruiteur du Prophete Elizee s'eftant vn iour leué d'vn grand matin, veid que la ville de Samarie

(en laquelle ils eſtoyent logez) eſtoit aſſiegee
par l'armee du Roy de Syrie, dont il eut telle
crainte que tout tremblant il s'en alla l'annoncer à ſon maiſtre, lequel l'aſſeura diſãt: *Ne crains
point, nous ſommes plus forts qu'eux. Et comme Elizee
eut prié il diſt, Seigneur ouurez les yeux de ceſt enfant
à fin qu'il voye: & Dieu ouurit les yeux du ſeruiteur
qui veid la montagne chargee & couuerte de cheuaux
& de chariots de feu alentour d'Elizee.* C'eſtoyét des
Anges que Dieu auoit enuoyez au ſecours du
Prophete.

Si Dieu n'euſt fait eſtat de l'Homme, Ieſus-Chr. ne ſe fuſt pas faiɛt homme. Hebr. 2.

    Septieſmement nous pouuons conſiderer
que, Si Dieu n'euſt approuué la dignité de
l'Homme, la ſeconde perſonne de la S. Trinité,
Ieſus-Chriſt noſtre Seigneur, ne ſe fuſt pas fait
homme : *Il ne print pas la nature des Anges* (dit S.
Paul) *mais la ſemence d'Abraham.* Ie croy (dit auſſi
S. Bernard) qu'il ne pourra me meſpriſer maintenant puis qu'il eſt os de mes os & chair de ma
chair. Si Dieu n'euſt fait eſtat de l'Homme, il ne
l'euſt pas racheté d'vn ſi grand prix & auec tant
de peine. Ce que S. Auguſtin conſiderant diſoit:
Apres que ie ſceu que Ieſus-Chriſt m'auoit racheté de ſon ſang, ie me retiray incontinent du
ſeruice du diable, du Monde, & de la Chair. Il
eſt certain que noſtre Seigneur n'euſt pas voulu
reſpandre vne ſeule goutte de ſon ſang pour
gaigner vne infinité de Mondes, & neantmoins
il a bien voulu le reſpandre tout pour ſauuer
l'Homme, duquel il fait tant d'eſtat que (pour
faire encores cognoiſtre ſon excellance) il le re-
paiſt de ſa propre chair & de ſon treſ-precieux
ſang au Sacrement de l'Autel. Que pouuoit-il

nous donner de plus precieux que luy-mesme
en ce monde ? Est-ce pas assez pour faire clairement entendre que, l'Homme est creé pour deuoir ioüir à iamais d'vne autre vie bien-heureuse apres celle cy ?

Considerons aussi les marques qui font cognoistre l'image de Dieu imprimée en nos
Ames, dont la premiere est telle: Ainsi que Dieu
veoid toutes choses sans estre veu d'icelles, aussi
nostre Ame n'estant veuë d'aucun, void & apperçoit toutes les choses que les Sens luy representent pour obiect: elle comprend toutes
choses, & ne peut estre comprise que par ses
effects.

La seconde marque est : Comme Dieu est
tout en tout, & tout en chaque partie, aussi l'A-
me est elle toute en tout le Corps, & toute en
chacune partie d'iceluy.

Troisiesmement: Ainsi que Dieu est Esprit,
simple, substance incorruptible & immortelle,
aussi est l'Ame, Esprit, simple, incorruptible &
immortel.

La quatriesme est que: Comme Dieu par sa
grandeur souueraine contient en soy toutes
choses, ainsi l'Homme participe auec toutes
sortes de creatures, selon S. Gregoire disant:

Omnis creaturæ aliquid habet Homo: que, l'Homme
a quelque chose de chacune creature:l'estre luy
est commun auec les choses inanimées:il a la ve-
getatiue auec les plantes : il a le sentiment auec
les animaux sensibles:& auec les Anges il a l'en-
tendemét, par la vertu duquel il cognoist Dieu,
& l'ayme: Ce que les Philosophes considerant
ont appellé

ont appellé l'Homme, *petit Monde:* voulant dire
que, l'Homme est vn sommaire ou abregé de
tout ce grand Monde vniuersel. Car, ainsi que
les Geographes representent toutes les Rigiós
& parties de la Terre sommairemét en vne petite & briefue Table d'vne fueille de papier:
ainsi Dieu voulant faire vn abregé de toutes ses
creatures, forma l'Homme, contenant le sommaire d'icelles.

Cinquiesmement, L'Homme represente encores l'image de Dieu en la liberté d'arbitre:
car, comme Dieu est Seigneur & maistre abso-
lument de toutes ses actions, ainsi l'Homme a-il
sa volonté tellement libre & franche, qu'il n'y a
rien en toute la Nature cree qui la puisse contraindre.

Sainct Cyrile dit (pour la sixiesme marque)
que, L'Homme est semblable à Dieu en ce que:
Comme Dieu est bien-heureux en soy-mesme,
ainsi l'Homme capable de la vision diuine sera
semblable à son Createur en la claire vision de
son essence lors qu'il sera paruenu à la iouïssan-
ce de sa derniere fin, selon l'Apostre S. Iean disant: *Similes ei erimus, quia videbimus eum sicuti est,*
que nous serons semblables à luy, par ce que
nous le verrons comme il est. Et, tout ainsi que
Dieu n'a son contentement qu'en soy-mesme,
aussi l'Ame de l'Hôme (quoy qu'elle ait diuers,
amples & apparans subiects de plaisirs & contentemens en ce Monde) recognoist que le vray
contentement ne se peut iamais trouuer qu'en
Dieu seulemét. Sainct Augustin en parloit ainsi:
La dignité de l'Ame (disoit-il) est si grande qu'il

ã

n'y a rien que Dieu qui la puisse contenter. Les preuues nous en sont toutes apparantes, car lon void ordinairement que, Ceux qui se retirent le plus du Monde pour s'approcher de Dieu, sont les plus contens. Et au côtraire, Les plus riches en possessions, les plus aduancez és honneurs de la Terre, les plus mondanisez & éloignez de Dieu ne se treuuent iamais contens: car comme dit vn Poëte,

Crescit amor nummi quantum ipsa pecunia crescit.
Si la richesse croist, la conuoitise augmente:
Plus l'Auare possede & moins il se contente.

Les contentemês mondains ne sont iamais sans mescontentemés. Les plaisirs ne sont point sans déplaisirs. Les ioyes ne sont iamais sãs tristesses. Bien-heureux sont ceux-la qui mesprisent les richesses & voluptez terriennes pour s'approcher de Iesus Christ par la voye & sous le vœu de pauureté. Heureux ceux qui foulêt aux pieds les contentemens de la Terre pour se rendre agreables au Ciel, & viure contens auec Dieu comme faisoit le Roy Dauid quand il disoit,

Psal. 16. & 78.

Satiabor Domine cum apparuerit gloria tua. Renuit consolari anima mea: memor fui Dei & delectatus sum.

Cóme s'il eust dit: Vous m'auez donné de grandes richesses & prosperitez en cé Monde, mon Dieu, mais neantmoins ie n'y ay iamais attaché mon cœur sçachant qu'elles sont transitoires, & que le vray contentement ne se trouue point icy-bas; ie sçay bien que ie ne seray iamais pleinement content que ie ne ioüisse de vostre gloire: c'est pourquoy depuis que mon Ame a gousté aux biens celestes, elle a tousiours reietté

les contentemens de la Terre cõme choſes trop
vaines & tranſitoires. Et voila comment nos
Ames, qui ſont ſubſtances celeſtes, diuines &
immortelles, ne trouuent leur vray contentement qu'en Dieu, celeſte, & immortel.

La ſeptieſme marque eſt que : L'Autheur de
la Nature a imprimé és cœurs de tous les Humains vniuerſellement par tout le Monde ceſte
inclination, d'auoir recours à Dieu en leurs ne-
ceſſitez : Et leur a encores donné ce deſir & ap-
petit naturel de paruenir à vn eſtat heureux &
plein de contentement : Or eſt il que ceſt Au-
theür de Nature ne faït rien en vain, & que s'il
n'y auoit vne autre vie apres la mort du Corps,
il ne nous feroit naiſtre auec telles inclinations
& appetits naturels.

La huictieſme eſt que : Tout ainſi comme noſtre eſtre, noſtre viure & operer depend de Dieu
(ſelon la doctrine de S. Paul, diſant: *In ipſo viui-*
mus, mouemur, & ſumus, que : Nous viuons en luy, *Act.* 17.
auons mouuement en luy, & ſommes en luy)
auſſi tous les membres du Corps prennent-ils
leur eſtre, leur viure, & leur mouuement de l'A-
me : Et ce auec telle depédance & neceſſité, que
nous pouuons dire ſans faillir que c'eſt elle qui
nous fait viure, mouuoir & eſtre. Et ainſi que
Dieu eſt Principe vniuerſel, & premier Moteur
de toutes les cauſes inferiures : auſſi l'Ame a ell' *L'Ame a*
ceſte faculté libre de commander au Corps où *vne grãde*
elle preſide, en ſorte qu'és limites de ſon empire *puiſſance*
il n'y a qu'elle ſeule qui commande. Car, quoy *ſur le Corps*
qu'elle ſoit ſubſtance ſimple & ſpirituelle, ell'a
neantmoins tant de puiſſance en noſtre Corps

que toutes nos actions dépendent d'icelle. C'est
elle qui par la veuë iuge des couleurs, qui entéd
par l'oüye, qui discerne par l'attouchement, qui
reçoit les odeurs par les narrines, qui distingue
les gousts auec la langue, qui par la force d'vne
chaleur naturelle cuist la viande en l'estomach,
qui la digere estant cuitte, qui la conuertist en
sang estant digerée, qui l'enuoye dans les veines
du corps, qui engendre au cœur les esprits de la
vie, & les esprits vitaux au cerueau, les distribuë
aux arteres & aux nerfs par deuë & raisonnable
proportion. C'est encores elle qui dépeint en
l'imagination les choses qu'elle apperçoit, elle
se souuiët par la memoire, elle discourt par l'entendement, elle ayme ou hait par la volonté.

Il faut encores remarquer, & croire que Dieu
recognoist son Image en l'Homme, puis qu'il
descéd aucunefois en luy pour y operer choses
grandes, surnaturelles, & telles qu'elles ne peuuent estre faictes sans vne assistance particuliere
de Dieu: comme, predire les choses à venir ainsi
qu'ont faict les Prophetes: resusciter les morts,
guerrir miraculeusemét les maladies incurables
chasser les Demons, & autres œuures du tout
merueilleuses telles que la Nature n'a iamais en-
seignees aux Humains: & lesquelles neātmoins
se voyent tous les iours, non sans admiration.

Car l'on void souuent que l'Homme commande aux diables, & que ces esprits immundes lui
obeyssent. Or Dieu n'a-il donné ceste puissance à aucun de tous les autres animaux de la terre qu'aux hommes seulement, ains qui sont les
moins terrestres & plus soigneux de conseruer
en eux l'image de leur Createur.

Remarquons encores en ce lieu que : Si nos
Ames n'eſtoyent de grand pris, le diable ne ſeroit point ſi enragé & ne ſe tourmenteroit tant
apres pour les attirer à luy comme il faict auec
tant d'inuentions artificielles qu'il a accouſtu-
mees de tout temps. Combien prenoit-il de
peine anciennement à diuertir & retirer les Humains du ſeruice du vray Dieu pour ſe faire a-
dorer és Idoles? Combien ſe trauaille-il encores à l'endroit des Libertins mondains, qui (peu
affectionnez au ſalut de leurs Ames, & ne con-
ſiderans la conſequence de leurs dangereuſes &
damnables curioſitez) recerchent l'aide & faueur de cet eſprit maudit afin de paruenir à la
iouyſſance de leurs pernicieux deſſeins? Si ceux
qui font eſtat de charmer & noüer l'eguillette
prenoyent garde à eux, ils cognoiſtroyent in-
continét que ce ne ſont point eux qui charmét,
& qu'il n'eſt en leur puiſſance de pouuoir faire
ces choſes là d'eux-meſmes: car, ſi quelqu'vn le
pouuoit de luy-meſme, il s'enſuiuroit que tous
les autres le pourroyent auſſi , attendu que les
Charmeurs & autres Sorciers ſont gens idiots,
ignorans, ſans lettres, & qui n'ont apprins cette
damnable ſcience autre part qu'à l'eſcole deSa-
than: comme auſſi eſt il aiſé d'entendre que c'eſt
le diable qui opere en cela, & non pas eux : &
qu'il ne prendroit tát de peine s'il n'en eſperoit
du ſalaire, & n'eſtoit aſſeuré de ſon payement.
Plaiſe à Dieu leur faire cognoiſtre le malheureux eſtat ou ils ſont: ils auroyent ſans doubte,
horreur qu'appres auoir tant de fois renoncé à
Sathan au Sacrament deBapteſme, ils ont neãt-

ĩ iij

moins recours à luy & implorent maintenant
son ayde pour y trouuer les moyēs de faire mal,
& de se perdre auec luy. Il y en a d'autres qui
luy donnent tant d'acces & familiarité qu'il se
fait porter à eux dans des anneaux & carraĉte-
res, voire les a tellemēt aueuglez en leur perdition qu'ils se rendent idolatres de luy. O trop
deplorable aueuglement! L'issue en est dange-
reuse & ne peut estre autre que malheureuse.
Comment ne cōsiderent ils que cest esprit malin ne se soubmettroit point & ne prendroit tāt
de peine s'il ne pretendoit en estre recompensé
aux despens des Ames immortelles? Si quelques
vns en ignorent, qu'ils lisent les Histoires des
Sorciers escrites par le Pere *Del Rio* de la com-
pagnie de Iesus, par le Pere *Michaelis,* par le sieur
d'Ancre, & autres. Ils verrōt des choses si estran-
ges qu'elles semblent incroyables à quelques
vns, principalement ce que ledit Pere Michaëlis
en a mis en lumiere. Mais c'est faute de considerer en ceux qui ne le croyent pas : car, s'il eust
attendu a faire imprimer son liure 50. ou 60. ans
apres les choses aduenuës, lon en pourroit douter, mais promptement il le mist en public à la
veuë de mille personnes qui auoyent veu cōme
le tout s'estoit passé. Qui est le Charlatan si ef-
fronté qui osast ainsi impudemment estaller ses
mensonges deuant ceux qui pourroyent le dé-
mentir honteusemēt? Quelle oubliance seroit-
ce à vn homme docte, & de vie recommandable
comme luy? Et quelle asseurance d'auoir dedié
vn liure plein d'impostures à vne Royne de
France? Ioint que son liure est approuué des

Docteurs Theologiens, imprimé auec priuile-
ge, & qui a par son Apologie deu contéter ceux
qui y trouuoient a reprendre.

Il ne faut point douter que le diable ne fasse
de grãds efforts pour tascher a enuahir les Ames
Chrestiennes, se resouuenant que Dieu les a
crees pour remplir les sieges de Paradis d'où il
a esté deietté. Nous sommes assez suffisamment
aduertis de toutes ces choses : Dieu nous con-
duist comme par la main à la cognoissance de
nous mesmes, nous fait clairement cognoistre
l'excellance de nos Ames, & la fin pourquoy il
les a crees : & neantmoins le diable demeure si
fort alendroit de tels Libertins mõdains, qu'ils
semblent ne vouloir rien esperer és Cieux non
plus que les bestes. Le Roy Dauid s'en plaignoit,
& deplorant le mal-heur de telles gens disoit:
Oculos suos statuerunt declinare in terram: Qu'ils
semblent estre resoluz de ne vouloir regarder
que la Terre.

Et vous, ô enfans, que vous en semble ? De-
uons nous en faire ainsi? ferons-nous si peu d'e-
stat de nous ? Priserons-nous si peu l'image de
Dieu? Aurons nous moins de sentiment que les
Payens? Platon a dit que, Si la beauté d'vne Ame
pouuoit estre veuë des yeux corporels, elle ra-
uiroit en admiration les cœurs des Humains.
Dieu en auoit donné à S. Catherine de Sienne
certaine impression, qui luy faisoit dire que, Si
quelqu'vn pouuoit voir la beauté d'vne Ame, il
desireroit endurer la mort cẽt fois le iour pour
le salut d'icelle. Puis que, cõme dit S. Augustin,
vne seule Ame est plus precieuse que toutes les

riche ſſes du Monde , il ne faut pas douter qu'e-
ſtant cree à l'image de Dieu , elle ne ſoit auſſi
plus belle que tout ce qui eſt de plus beau au
Monde. Pourquoy donc ne remercierons-nous
le Createur d'icelles? Si toutes ſortes de creatures , meſmes les inſenſibles , ont eſté crees pour
loüer Dieu, & que(comme dit S. Auguſtin) autant de creatures ſont autant de voix qui annō-
cent ſa gloire, eſt il pas raiſonnable que l'нōme
(le plus noble de toutes les creatures) s'éploye,
voire employe tout le cours de ſa vie à ce tres-
ſainct exercice , puis-qu'à ceſte fin il a eſté doüé
d'entendement & raiſon auec les intelligences
celeſtes qui ſont les Anges ? S. Gregoire le dit
ainſi : *Homo ad contemplandum Creatorem ſuum con-*
ditus eſt , Que l'Homme a eſté creé pour con-
templer & loüer ſon Createur.

    Puis donc que , comme dit S. Chriſoſtome,
tous les animaux de la terre ont eſté creez pour
le ſeruice de l'Homme, & l'Homme pour le ſeruice de Dieu, pourquoy ſerons-nous ingrats de
recognoiſtre noſtre Createur? Le ſainct homme
Tobie ſe trouuoit tāt obligé à l'Ange qui auoit
conduit ſon fils au voyage où il l'auoit enuoyé,
qu'il ne ſçauoit quelle recompenſe il luy en de-
uoit faire, & diſoit : *Que pouuons-nous donner à ce*
ſainct homme qui t'a ſi bien conduit ? Quel ſalaire luy
baillerons-nous ? Quelle recompenſe pourra eſtre digne
des plaiſirs qu'il nous a faicts? Si nous conſiderions
que les biens, les graces & faueurs que receuons
tous les iours de la part de Dieu ſont infinis,
nous trouuerions que nous luy ſommes infini-
ment obligez. Dequoy ſe reſouuenant le Roy
Dauid

Dauid disoit, *Quid retribuam Domino pro omnibus* *Psal.* 115.
quę retribuit mihi? Quelle recognoissance pour-
ray-je faire à mon Dieu pour tant de biens qu'il
m'a donné? Et luy sçachant bien que toute la sa-
tisfaction que pouuons rendre à Dieu, & tout le
contentement qu'il attent de nous est que nous
chantons ses loüanges en action de graces, il disoit : *Cantabo Domino in vita mea, psallam Deo meo*
quandiu fuero, Autant de temps que ie viuray ie
ne cesseray de chanter la gloire de mon Dieu, &
autant qu'il me fera subsister ie psalmodieray à
son honneur. Aussi ses Psalmes sont-ils tellemēt
remplis de loüanges celestes & diuines, qu'il
conuie toutes sortes de creatures (mesmes les
inanimées) de loüer Dieu auec luy, comme lon
void principalement au Psalme 148. là où il appelle a loüer Dieu tous les habitans du Ciel, &
le Soleil, & la Lune, les Estoilles, la Lumiere, &
generallement tous les Cieux. Puis il descend
aux creatures de la Terre & de la Mer, & inuite
tout a glorifier Dieu & luy rendre graces. Et ce
bon Roy sçachant bien encores que, Les loüan- *Psal.* 8.
ges diuines qui partent de la bouche des enfans
sont agreables à Dieu, il leur addresse sa voix, &
les appelle a chāter la gloire du Createur disant:
Laudate pueri Dominum, laudate nomen Domini. Sit *Psal.* 112.
nomen Domini benedictum &c. A solis ortu vsque ad
occasum laudabile nomen Domini.

   Sus, enfans, loüez Dieu, & exaltez son Nom
   Depuis Soleil-leuant iusques là où il couche
   Maintenant, & tousiours, & en toute saison,
   Benissez ce Sainct Nom, & de cœur, & de bouche.

L'Apostre sainct Paul prenoit aussi vn singulier 1.Cor. 4

Dieu ne no9 demāde antre reco- gnoissance, sinon que chātons ses Loüanges. Psal. 145.

6

plaisir à ce loüable exercice, comme luy-mesme en fait declaration disant: *Psallam spiritu, psallam & mente*, comme s'il eust dit, Puis que Dieu ne nous demande autre recompense pour les biens innumerables que ses mains liberales nous departent si prodigalement sinon que luy en rendons gloire, ie ne cesseray tout le téps de ma vie de chãter ses loüanges sainctes. Sainct Augustin estoit de ce mesme aduis & disoit: *Laus Dei à corde & ore Christiani recedere non debet*, Que, Le cœur & la bouche du Chrestien ne doyuent iamais estre sans la loüange de Dieu. Et en autre lieu: *Cum laudatis Deum, toti laudate, cantet vox, cantet vita, cantent facta.* Quand vous loüez Dieu, disoit-il encores, il faut que la vie, & les œuures chantét auec la voix: Car ainsi que le bruit impetueux trouble la musique, aussi la mauuaise vie gaste tout, & fait que nos prieres ne sont agreables à Dieu. O nonchalante ingratitude des humains! Mais,

O Pere de toutes creatures, & Createur de tout ce grand Vniuers, qui de vostre lumiere inaccessible auez bien voulu vous abaisser, par vostre fils Iesus-Christ, iusques en ce bas Monde, & y auoir des creatures capables de cognoistre vostre souueraine grandeur & bonté paternelle pour y chanter vos loüanges: Qui auez planté vostre Image diuine & celeste en Terre, & luy auèz donné cognoissance de son origine. Et pour faire entendre à l'Homme que son Ame est immortelle, luy auez dõné ceste inclination (à luy seul entre tous les autres animaux terrestres) d'auoir recours à vous, & de vous cercher

au Ciel. Vous auez aussi donné à ceste Ame immortelle (pour marque de son immortalité) des
desirs feruans de paruenir à vous pour iouyr de
la fin à laquelle vous l'auez creé. Et nous auez
commandé (à nous vos creatures raisonnables)
qu'ayons a vous appeller, *Nostre Pere qui estes es
Cieux.* Pour nous faire entendre que non contét
de nous auoir creez, auez encores vn grand soin
de nous, voire beaucoup plus grand que les Pe-
res naturels n'ont de leurs enfans : Et que si, côme vrays enfans, nous mettions toute nostre
confiance en vous, sans auoir autre plus grand
soin en ce môde que de vous complaire, iamais
ne nous laisseriez manquer de rien qui nous soit
necessaire. Puis donc que vous estes Pere &
Createur de toutes choses, nous pouuons, non
seulement auec les Anges & Saincts bien-heureux, mais aussi auec toutes les autres creatures,
vous appeller *Nostre Pere qui estes es Cieux.* Mais ie
crains que vos creatures irraisonnables, voire
insensibles, nous accusent deuant vous d'ingratitude: attendu que se laissant conduire à la Nature leur gouuernante, elles vous rendent toute
l'obeissance qu'elles doiuent : Et nous, plus insensibles que les pierres, mesprisons la Raison
qui doit estre nostre gouuernante & la regle des
hômes : & sans laquelle vous ne recognoistrez
pour vos enfans ceux qui se disent hômes. Mais
las! ô Pere celeste, peu de personnes s'arrestent
maintenant a bien considere ces choses, & de là
prouiennent nos malheurs : Car si nous y pen-
sions attentiuement, nous aurions soin & met-
trions peine de sanctifier vostre Nom, en sorte

que toute noftre confolation feroit de chanter
vos loüanges : nous aurions les pechez en horreur , & ne fouhaitterions rien plus que l'auancement de voftre gloire par tout le Monde. Et,
ce faifant, voftre Regne (fçauoir eft l'Eglife, qui
eft voftre Royaume en Terre) floriroit, tellemēt
que voftre Nom feroit cognu , & voftre Regne
eftendu par toute la Terre. Les Infideles, les Heretiques, les Sorciers, les Vfurpateurs des biens
d'autruy & autres mechans , fe conuertiroyent
à Penitence , fi bien que chacun s'eftudieroit a
accomplir voftre Volōté en Terre, ainfi que les
Bien-heureux l'accompliffent au Ciel. Plaife à
voftre Majefté diuine y encliner nos cœurs , ô
Pere celefte:& nous dōner les neceffitez de cefte vie , tant pour le Corps que pour l'Ame, &
telles que nous auez commandé les vous demāder fous ce mot de Pain quotidien. Vous nous
auez auffi commandé qu'ayons a vous demāder
pardon de nos fautes, & ce cōmandement nous
eft vne affeurance certaine qu'auez fouuenance
de nous, & foin du falut de nos Ames: voire qu'il
n'y a peché, tāt enorme & deteftable foit-il, que
vous ne pardōnez volontiers, pourueu qu'ayós
recours à vous par la droite voye de Penitence,
& que nous pardonnons de bon cœur à tous
ceux qui no' ont offenfez. Vous nous auez auffi
promis, ô Pere fouuerain, que fi auons recours à
voftre ayde és Tentations & aduerfitez humaines , vous ne permettrez pas qu'elles nous fur-
montent , ains nous garantitez d'icelles & ren-
drez les plus forts alencontre de tout ce qui fe
trouuera contraire au falut de nos Ames , ainfi

que le nous auez annoncé par voftre fainct & Pfal. 49.
Royal Prophete difant; *Inuoque moy & aye re-*
cours à mon ayde au iour de ta tribulation ie t'en deli-
ureray: &, en recognoiffance de cela, tu me rendras hô-
neur & gloire. Vous n'auez pas ce foin fi particu-
lier des autres animaux inferieurs, bon Dieu,
auffi n'auez vous cômandé qu'a l'Homme feulement de vous appeller Pere & d'auoir recours
au Ciel, qui eft toute noftre confolation, puis
que ne pouuons fouhaiter rien de plus grand
que d'eftre vos enfans, & pouuoir viure fous les
ailes de voftre tres-affeuree protection. Pardonnez nous donc nos pechez, Pere celefte: ne
permettez pas que fuccombous à la Tentation:
&, nous recognoiffant pour vos tres-humbles
enfans, deffendez-nous de tous les ennemis de
noftre falut.

A TOVS ENFANS DESIREVX
de bien-faire.

IE fay comme le Cygne, (ô Enfans & amiables Le-
cteurs) ie chante fur la fin de mon âge & me trouuant
proche de la mort. Plaife à Dieu que ma voix ait tant de
force qu'elle puiffe attirer à la voye du Ciel vn grand nô-
bre d'Ames Chreftiennes que le fifflet du diable attire
tous les iours és Enfers foubs l'appaft emmiellé d'vne infinité de Chanfons prophanes & def-honneftes qu'il met
en public pour gafter & corrompre l'innocêce puerile. Il
fçait bien par experience, que (comme dit S. Paul:) *Cor-*
rumpunt bonus mores colloquia praua. 1. Cor. 15.

> *Les difcours déprauez empoifonnent les cœurs,*
> *Les prophanes chanfons gaftent les bonnes mœurs.*

Telles Chanfons font affez cognoiftre qu'elles font
iffues de la boutique de Sathan puis-qu'elles ne tendent
qu'à lubricité & corruptiô, toutes dediees au diable fous
l'adueu d'vn Cupidon, d'vne Venus & autres folies fuper-

ô iij

ftitieufes. Cet efprit d'enfer fçait bien encores que , noftre naturel nous rend enclins plus au mal qu'au bien : &
que , quand nous auons prins vne habitude vicieufe au
temps de noftre ieune âge , il eft tres dificile de l'ofter.
C'eft vn Prophete qui le dit pour nous en aduertir, qu'il
eft autant dificile d'ofter vne mauuaife accouftumance
comme da faire blanchir la peau d'vn More,& le prouer-
be dit auffi que : *Quod noua tefta capit, inueterata fapit.*

Le vaiffeau neuf de terre imbu d'vne liqueur,
Soit bonne, ou foit mauuaife, en retiendra l'odeur.

   Ceux donc qui, à l'inftigation du diable, empoifonnent
les cœurs des ieunes enfans & de tant de fimples filles, par
parolles & chanfons lafciues font mal , & en feront blaf-
mez deuant noftre Seigneur,qui les a defia condamnez difant que, Quiconque induira vn enfant à faire mal, merite
qu'on luy attache au col vne meulle de moulin,& qu'on le
iette ainfi au profond de la Mer. Et au contraire,grandes
recompenfes font promifes & bien affeurees à ceux qui
remettront les Ames efgarees en la voye de falut.

   Si les Poëtes François s'occupoyent à compofer des
Cantiques fpirituels propres à chanter les loüanges de
Dieu , & que les Muficiens y accommodaffent des Airs
conuenables, ils meriteroyent beaucoup les vns & les autres : car non feulement ils diuertiroyent la Ieuneffe de
chanter toutes ces vilaines chanfons lafciues, ains les leur
rendroyent odieufes:& feroyent caufes que l'on n'enten-
droit que Chanfons fpirituelles, en forte que toutes parts
l'Air retentiroit les loüanges de Dieu. Les Bergers gardãt
leurs troupeaux,les Laboureurs cultiuant leurs terres,les
Artifans exerçans leurs metiers, les femmes & filles faifãs
leurs ouurages & fillant à leurs quenoilles : fi bien que
la gloire de Dieu s'augmenteroit, & le regne du diable
s'affoibliroit peu à peu.

   C'eft cefte confideration qui m'a efmeu à dreffer ce petit
Recüil, quoy que ie fois du tout incapable de telles en-
treprifes: mais ie confidere que peut eftre, cecy feruira-il
d'emulation à quelques vns de ceux qui ont la fuffifance,
tant Poëtes que Muficiens, & les fera mettre la main à la
plume pour faire chofes de plus grand merite a la gloire
de noftre Seigneur : A quoy ie les conuie & coniure au
nom de Dieu, & autant que m'eft poffible. Ce qu'atten-

dant l'ay donc colligé ce petit nombre de Chansons de diuers Autheurs & les ay adioustees à vn autre petit nombre que i'ay basties grossierement, puis les ay accommo-
dees de chacune vn Air, tout le plus populairement que
m'a esté possible, à fin que les enfans & toute sorte de personnes puissent les apprendre. Et pour rendre les Airs
plus faciles, i'ay mis (à dessein) toutes les Clefs en mesme
endroit, afin que le dernier Air soit trouué aussi facile à
chanter comme le premier.

A MONSIEVR ROVSSON,
NAGVERES CVRE DE CHANTENAY,
sur ses Chansons spirituelles.

Ronsard d'vne diuine voix
Chanta les Monarques françois,
Ils furent l'obiect de sa lire:
Vous chantez (mon Maistre) en vos vers
Le Monarque de l'Vniuers,
Et le Roy du celeste Empire.
Pour les chanter il eut du bien,
Mais ce bien ne luy valut rien,
Quand la vie leur fut rauie;
Le bien qu'aurez est bien plus seur,
Puis que vous estes le psalteur
De celuy qui donne la vie.

Son tres-humble disciple B. BOVTIER.

Qvel chant harmonieux? quelle harmonie hautaine?
Les chantres d'Appollon perdent icy leur prix,
Qui n'ont qu'vn feinct discours pour fruict de leurs esprits,
Pour prix, qu'vn rien : pour but, qu'vne deité veine.
Ou vous (qu'à chants pieux autre dessein ne meine)
Auez pour fruict que tous soyent à bien viure appris:
Pour prix, que de ce monde on conçoiue vn mespris:
Et pour but, de Iesus la deité certaine.
Or sus, Psalteur diuin (mon Maistre) vos chansons,
Pour les ieunes enfans, sont autant de leçons,
L'on en cognoist assez la preuue veritable:
Malgré les enuieux, & malgré le decours
Du temps rongeart, vos chants se maintiendront tousiours,
Puis que vous leur donnez vn subiect perdurable.

Par le mesme.

Autre Sonnet ſur ſon nom Antitheſé.

CHer Rouſſon, quoy? Rouſſon? non Rouſſon, mais doux ſon:
Cher doux-ſon, i'ay proces auecques la Nature
A ton occaſion, qui te faict vne iniure,
Enrouſſiſſant ton nom du roux nom du Rouſſon.
Quoy? doibt ell', la maraſtre, enrouſſir ton fredon?
Enrouſſir de tes chants la nombreuſe meſure?
Ie iure par les cloux de la haulte cambrure
Que roux ſeront donc dicts les doux chants d'Amphion.
Vne rouſſeur ne doit, ô mon non roux Rouſſon,
Enrouſſir rouſſement ton doux nom d'vn roux ſon.
Puis que ta douce voix non rouſſement entonne
Ces treſ-douces Chanſons, l'on te doit dire doux,
Non ainſi rouſſement t'enrouſſir d'vn nom roux,
Mais, mon Rouſſon, ton ſon trop rouſſement ie ſonne.

APPROBATION DES DOCTEVRS.

IE ſoubſſigné Frere François Maſſon Docteur en Theologie & humble Prieur du Conuét de ſainct Dominique de Laual, certifie auoir veu & leu ce preſent liure intitulé, *Recueil des Chanſons ſpirituelles auec les airs nottez ſur chacune d'icelles, Fait & compoſé par M. Iean Rouſſon,* où ie n'ay rien trouué contraire à la Religion Catholique Apoſtolique & Romaine, ains l'ay iugé digne d'eſtre mis en lumiere pour l'edification & ſalut des ames pieuſes & deuotes. Fait au conuent de S. Dominique de Laual ce 8. iour du mois de Iuin 1620.

        Frere FRANÇOIS MASSON
        humble Prieur de S. Dominique.

IE F. Oliuier de Cuilly, Docteur en Theologie en l'Vniuerſité de Paris, certifie auoir veu & leu ces Chanſons ſpirituelles, auec leurs accompagnemens de pluſieurs beaux aduertiſſemens Catholiques, le tout dreſſé par M. Iean Rouſſon Preſtre nagueres Curé de Chantenay : où ie n'ay trouué aucunne choſe qui ne ſoit conforme à la Doctrine Chreſtienne, & vſage de la S. Egliſe Catholique : & partant profitable au ſalut des Ames. Donc ay iugé que le tout peut eſtre vtilement mis en lumiere. En foy dequoy ay ſigné le preſent certificat le 26. May 1620.

        F. O. DE CVILLY.

CHANSONS

CHANSONS
SPIRITVELLES,
A LA LOVANGE
DE DIEV.

Retire-toy vilaine paillardise,
Retire-toy impudique Venus:
En toy n'y a que peché & sottise,
Ie n'ayme rien que mon Saueur Iesus.
Va Cupidon auec tes blondes tresses,
Ie ne veux point me soubmettre à tes loix:
Serre ton arc ton carquois & tes fleches
Ie veux mourir à l'ombre de la Croix.

A

O doux Iesus! nostre seulle esperance,
C'est de vous seul qu'on doit chanter le los:
Rien que vous seul ne nous donne asseurance
D'vne autre vie apres la mort du corps.

Nous sommes naiz pour viure auec les Anges
Et pour regner auec les Bien-heureux:
Nous deuons donc tous chanter vos loüanges
Deuottement en terre comme es Cieux.

Ie ne veux point m'attacher à la terre,
Ny faire estat de ses grands reuenus:
Tout cela est plus fragile que verre,
Ie ne veux rien que mon Sa[u]ueur Iesus.

O mon Iesus! à vous ie me reclame,
Pardonnez-moy mes horribles pechez:
Ayez, Seigneur, pitié de ma pauure ame,
Ne la laissez au rang des reprouuez.

PARAPRASE SVR LE

Pseaume 97. pour chanter au temps de Noël..

1. *Cantate Domino Canticum nouum. &c.*

Hantez à Dieu grands & petits, Chantez

cantiques non oüiz, Chantez du grand Dieu les

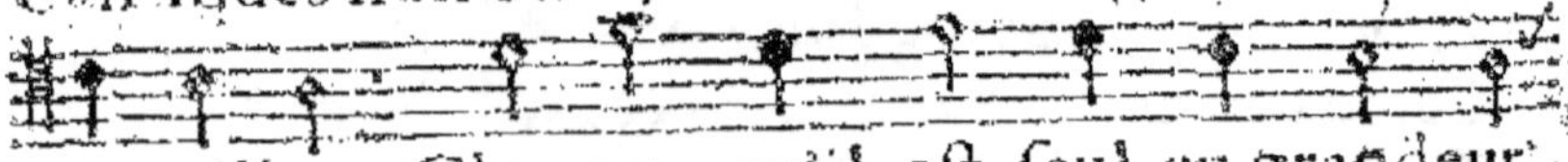

merueilles. Chantez qu'il est seul en grandeur,

ures nompareilles.

2. *Saluauit ſibi dextera eius, &c.*

2. Sa dextre nous a ſauuez tous,
   Sa puiſſance nous a recoux
   Des pattes de noſtre aduerſaire,
   Sa dextre eſt ſon fils bien-aimé,
   Et ſon bras de puiſſance armé,
   Qui veult noſtre ennemy defaire.

3. *Notum fecit Dominus Salutare. &c.*

3. Dieu à choiſi ce temps prefix,
   Pour faire cognoiſtre ſon Fils,
   Donné pour ſalutaire au Monde:
   Faict voir ſa Iuſtice aux Eſleuz,
   Pour rendre d'elle bien vouluz
   Ceux en qui plus viue elle abonde.

4. *Recordatus eſt miſericordiæ ſuæ. &c.*

4. Dieu, en fin, touché de pitié,
   Les effects de ſon amitié,
   S'eſt remis encor' en memoire:
   Et à la maiſon d'Iſrael
   A faict voir le pris immortel,
   De ſa verité ſi notoire.

5. *Viderunt omnes termini terræ. &c.*

5. Quiconque a eu la volonté
   Durant ceſte Natiuité
   Du ſauueur Dieu & homme enſemble
   A peu voir ce verbe incarné,

Qui pour noſtre ſalut eſt né,
Et l'hóme auecques Dieu raſſéble.

    6. Iubilate Deo omnis terra, &c.

6. Poſez deſormais tout ſoucy,
Venez vous eſiouïr icy,
Demenez feſte ſolemnelle:
Chantez, ô Terre, ô Elemens,
Qu'on oye ſur les inſtrumens
Des airs de muſique nouuelle.

    7. Pſalite Domino in cythara, &c.

7. En l'honneur de ce Roy des Roys,
Mariez la harpe à la voix,
Pour celebrer ceſte venue:
Cornets trompettes, & clairons,
Bruyez ſi haut es cnuirons,
Que voſtre bruit perce la nue.

    8. Iubilicate in conſpectu Regis Domini.

8. En la preſence de ce Roy
Faites feſte en pompeux arroy,
Que le bruit de vos cris de joye,
Eſmeuue la terre & les eaux,
Le feu, l'air & les animaux,
Rien que chãt d'alegreſſe on n'oye.

    9. Flumina plaudẽt manu.

9. Les fleuues comme applaudiſſans,
Et les monts comme bondiſſans
Treſſaillent de l'aiſe ou nous ſommes:
Tout teſmoigne l'heur & l'honneur,
Qu'il a de ce puiſſant Seigneur,
Qui viendra juger tous les hommes.

    10. Iudicabit orbem terrarum

10. Les peuples de ſon iugement

N'appelleront aucunement,
Car il est la Iustice mesme;
Et iuge sans acception,
Sans mouuement, sans passion,
Homme & Dieu, seul iuge supresme.

SVR LE SIMBOLE
des Apostres.

I.

2.   Il fut conceu du Benoist sainct Esprit,
Puis il nasquit de la Vierge-Marie.
La mort honteuse en vne croix souffrit,
Mais il reprint, trois iours apres, la vie.

3.   Es tres-hauts cieux triomphant il monta
Pour y regner en la gloire du Pere,
D'ou au Grand-iour en terre descendra,
Et paroistra comme Iuge seuere.

A iij

4.   Ie croy auſſi au doux Conſolateur
Le ſainct-Eſprit, qui de l'amour mondaine
Nous dégouſtant, en flamme noſtre cœur
Et nous attire à la gloire hautaine:

5.   Et puis ie croy, mais ſans douter en rien,
Tout ce que croid l'Egliſe Catholique.
Car autrement noſtre eſpoir ſeroit vain,
Puis-quell' eſt ſainĉte, vne, & Apoſtolique.

6.   I'approuue & croy cette communion.
De tous biens-faicts entre vrais Catholiques,
Et que la foy eſt ſans diuiſion,
Entre ceux-la qui ne ſont heretiques.

7.   Ie croy encor' que la Remiſſion
De nos pechez nous eſt du tout certaine,
Si en auons bonne contrition,
Et en faiſons penitence non vaine.

8.   Ie croy qu'en fin ſe leueront les morts
Leſquels la terre aura reduits en cendre.
Et paroiſtront auec leurs propres corps,
Pour du Grand Dieu le Iugement entendre.

9.   Bien toſt apres la Reſurrection
Les bons iront en la gloire eternelle
Et les meſchans tous en confuſion
Endureront peines perpetuelle.

SVR L'ORAISON
Dominicale.

Pater noster

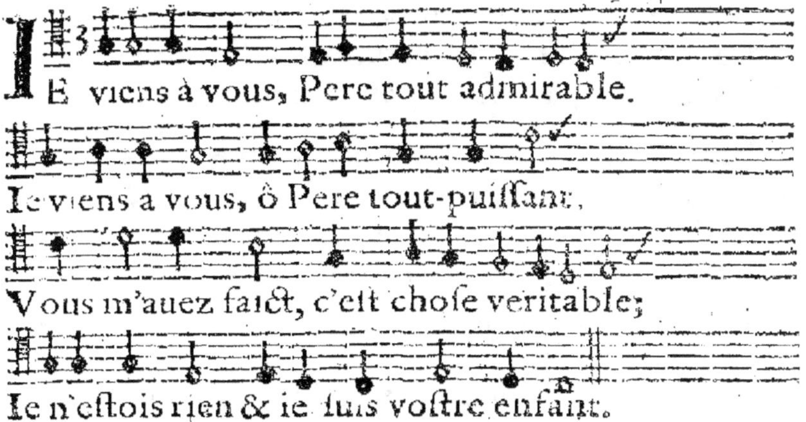

Qu'estois-je lors quand vous me fistes naistre,
En ce bas monde & regne terrien?
Ie n'estois rien, & ne pouuois rien estre,
Si ne m'eussiez esleué de ce rien.

Ou yrois-je, ou me pourrois-je rendre?
Qu'a vous mon Dieu, mon Pere & protecteur,
Puis-que sans vous nous ne pouuons attendre,
Rien a jamais que tristesse & malheur.

Bonté de Dieu! qui pour faire cognoistre
Vostre grandeur en ce monde malin,
Auez voulu humble nous apparoistre,

Soubs ce doux nom de Pere tout benin,

Qui es in Cælis.

Bien que mon corps soit composé de terre,
L'Esprit Diuin que vous m'auez donné,
Me dit tousiours qu'il ne faut pas que i'erre,
Et que ie suis pour le Ciel d'estiné.

Vous m'auez fait tout autre que la beste,
Qui n'a iamais rien esperé es Cieux,
Et qui abbaisse en bas tousiours la teste,
Sans esleuer iamais en haut les yeux.

Mais vous m'ayant asseuré mon partage,
La-haut es Cieux i'y eslance mon cœur,
I'y esleue mes yeux & mon visage,
N'esperant rien ailleurs que tout malheur.

Sanctificetur nomen tuum.

Ie vous demande en premier, que la gloire,
De vostre Nom soit cogneu en tous lieux,
Et que chacun imprime en sa memoire
Ce Nom tres-Sainct qui seul nous rend heureux

Adueniat regnum tuum.

Nous vous prions que vostre Regne,
Et qu'en vous soit nostre protection.
Soubs le Regne de satan n'est que peine,
Rien que mal-heurs, rien que damnation.

Fiat voluntas tua, sicut in cælo & in terra.

Ainsi qu'au Ciel vostre volonté saincte
S'obserue bien par les Esprits heureux,

Faicte

Faictes auſſi que d'amour non de crainte,
Soyez ſerui en terre comme és Cieux.

Panem noſtrum quotidianum dà bobis hodie.

A vous, mon Dieu, touſiours ie me reclame,
Vous demandant mon pain quotidien:
Vous eſtes Pere & du corps & de l'ame,
Qui demandent leur petit entretien.

Et dimitte nobis debita noſtra.

Pardonnez-nous, ô pitoyable Pere,
Ainſi que nous pardonnons au prochain,
Vous auez dit & nous le voulons croire,
Que ſans cela, nous vous prions en vain.

Et ne nos inducas tentationem.

Ne permettez, bon Dieu, ie vous ſupplie,
Que ie ſuccombe à la tentation:
L'eſprit d'Enfer, tout forcené d'enuie,
Ne reſpire que ma perdition.

Sed libera nos à male.

Defendez-moy de ceſt eſprit immunde,
Eſprit mauuais cauſe de tous malheurs:
C'eſt ce grand mal qui rempliſt tout le monde
De tant de maux, triſteſſes & douleurs.

A

SVR LA SALVTATION
Angelique. Aue Maria.

IE vous salue, ô Vierge glorieuse,
Du doux salut que l'Ange vous donna,
En vous disant, vous estes bien-heureuse,
Aue Maria, gratia plena.
    Aue, aue, Vierge entr'autres choisie,
Auec vous est le createur des Cieux,
Lequel vous a de sa grace remplie;
Pour nous aider à estre bien-heureux.
    Aue, aue, Vierge Saincte & Beniste
Entre toutes les generations:
Car vous auez auec tref-grand merite,
Porté l'Autheur des benedictions.
    Vous qui estes Mere du grand Monarque,
Qui faict trembler & la terre & les Cieux,
Guidez tousiours nostre petite barque
Vers le bon port du regard de vos yeux.
        Amen.

SVR LES COMMAN-
demens.

A Ime sur tout vn seul Dieu & l'adore,

Ne iure en vain ce Nom tant venerable
Du Createur, ny les saincts glorieux,
Ne rien qui soit soubs la voûte des Cieux:
S'il faut iurer sois tousiours veritable.

Garde soigneux, les dimanches & festes,
En seruant Dieu bien & deuottement,
Pour prosperer bien & heureusement,
Et que vers Dieu tes œuures soyent bien faictes.

Rends (apres Dieu) honneur à pere & mere;
Pour viure heureux en ce monde long-temps:
En leur besoin n'espargne tes moyens,
Benist seras, ainsi le doibs-tu croire.

Ne sois meurtrier ny du corps ny de l'ame,
Car qui respant a tort le sang humain,
Le sien sera respandu pour certain:
Dieu dit ainsi quand le meurtre il nous blasme.

Ne sois paillard, fuy ce vice damnable,
Peché vilain, rendant l'homme brutal:
Celuy sera vn iour teaitté bien mal,
Qui commettra ce peché execrable.

Les biens d'autruy ne retiens par malice,

Ne ſois larron, ſi tu veux eſtre heureux?
Car les larrons n'heriteront des cieux,
Malheureux eſt qui commet iniuſtice.

Dieu te deffend porter faux teſmoignage,
De murmurer, & de mentir en vain,
Ou en propos offencer le prochain:
Car comme toy il eſt de Dieu l'Image.

De paillarder qu'il ne te prenne enuie
Hors le lien du mariage ſainct:
Car c'eſt le cœur qui premier eſt atteint,
De ce peché qui nous oſte la vie.

ADVERTISSEMENT
de nous preparer à la mort.

IL eſt temps que chacun s'appreſte,

Et ſans aucun retardement,

Pour aller au banquet celeſte,

Ou le Roy des cieux nous attent,

Le banquet eſt preſt ſans doubtance,
Le Seigneur nous appelle tous:

Allons, allons en asseurance,
Venez tretous, qu'attendons-nous.

Iesus vint naistre en vne estable,
Petit enfant en ces bas lieux,
Pour nous conuier à sa table,
Qui nous est preparée és cieux.

Puis voulant retourner au Pere,
Se laisse attacher en la Croix,
Sur la montagne de Caluaire,
Pour mieux faire entendre sa voix.

Entendez donc, Ames fideles,
Disoit le doux Sauueur Iesus,
Fuyez les flammes eternelles,
Accourez tost, ne tardez plus.

Vien vien chetiue creature,
Tu es rachetee a grand pris,
Voy les grands douleurs que i'endure,
Pour te tirer en Paradis.

Mais, bon Dieu ! chascun s'en excuse,
Pour suiure son opinion:
C'est le monde qui nous amuse,
Pour nous perdre en confusion.

L'vn achete vne metairie,
L'autre des bœufs pour s'excuser,
Et puis vn autre se marie,
Disant qu'il n'y sçauroit aller.

O malheureuse conuoitise,
Prison des Auaritieux.

Et toy vilaine paillardise,
Qui ne peux esperer es cieux.

C'est vous, ô poures volontaires,
Qui serez placez au haut lieu:
Vous auez aymé les miseres,
Mais vous viurez tous auec Dieu.

De tous biens aurez jouïssance,
Sans jamais plus craindre la mort,
Vous serez en lieu d'asseurançe,
Heureux qui arriue à ce port!

Nous irons si me voulez croire,
Et nous rangerons auec eux:
Nous verrons Iesus en sa gloire,
Et l'assemblee des Bien-heureux.

C'est la ou nous deuons attendre
Tout bien, & tout contentement,
Si grand qu'il ne se peut comprendre
Ny de sens ny d'entendement.

Mais pour s'assoir à ceste table,
Fault estre nets & bien lauez,
Portans la robbe nuptiale.
Autrement nous serions blasmez.

Chascun y chante les loüanges,
Et la gloire du Tout-puissant,
De mesme voix auec les Anges
D'vn consert tres-doux & plaisant.

O tres-agreable armonie,
Chant tres-doux & delicieux,

C'est vne musique remplie,
Qui retentist par tous les cieux.

AVTRE ADVERTISSE-
ment de nous preparer à la mort.

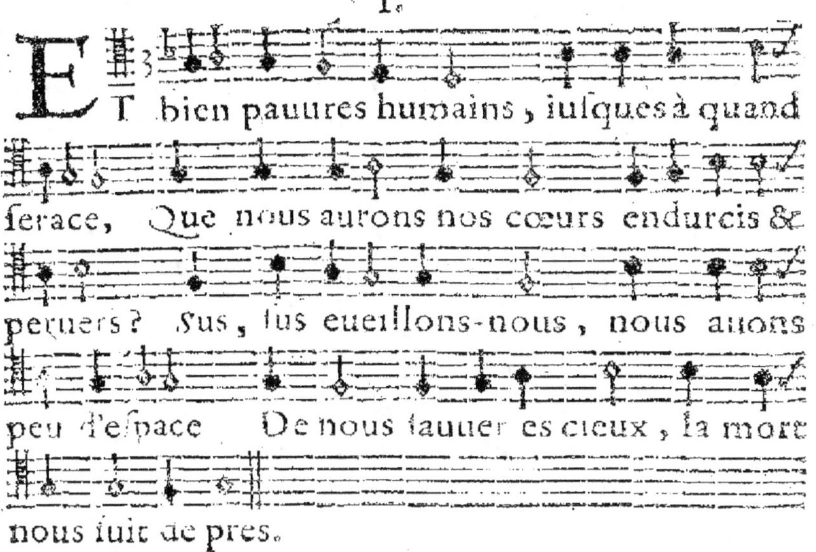

nous suit de pres.

2. Bon Dieu ! que faisons-nous? mais ou pen-
    sons-nous estre.
En ce monde malin, entre tant de mal-heurs?
La ou de toutes parts, à destre & à senestre,
Ne pouuons esperer rien qu'ennuis & douleurs.

3. Au monde n'y a rien plus traistre que le
    monde :
Il rid, il applaudist, mais il mort en riant:

Il nous sēble estre beau, mais il est tout immŏde:
Il est bien gros enflé, mais ce n'est du vent.

    4. Tres-grand malheur, helas! de perdre ainsi
        noftre Ame,
Pour chofe de fi peu, & plaifirs du tout vains:
Quel regret, quel ennuy, quelle douleur, quel
        blafme;
Au jour que le Grand Dieu jugera les humains.

    5. Efpouuantable jour, jour du tout effroyable:
Iour tout rempli de maux, & regorgeant de pleurs:
Iour qui entre les jours eft le plus redoutable:
Iour ou fe trouueront eftonnez les pecheurs.

    6. A ce grãd jour fera qu'il faudra cõparoistre
Aux pieds de Iefus-Chrift, qui tous nous iugera:
Nous mefprifons fes loix, mais il fera le Maiftre,
A chacun juftement la Iuftice il rendra.

    7. Apres la mort du corps paroiftra la iuftice,
Armee de mille maux, & de mille tourments,
Pour venger noftre Dieu, & pour punir le vice,
Sur ceux qui n'ont voulu eftre autres que mechãs.

    8. De fa mifericorde eft la terre remplie:
Iefus nous apporta ce beau prefent des cieux:
Par lequel nous pouuons tous obtenir la vie,
Pour viure à tout iamais auec les Bien-heureux.

    9. Mais ie fremis de peur quãd ie me represēte
Sa Iuftice & rigueur qui tout trembler feront,
Le Soleil s'obfcurcir, & la Lune fanglante,
Les eftoilles du Ciel en terre tomberont.   (ble
    10. Qui pourra fupporter ce bruit tant effroya-
                           De

Des trompettes du Ciel si haut retentissant?
Appellant tous les morts d'vn son espouuantable,
Leuez-vous,trépassez,venez au Iugement.

11.   Le regret sera grand, grande la repentence
Des pauures obstinez, qui auront mesprisé
De viure selon Dieu,& faire penitence:
Mais plus ne sera temps, le temps sera passé.

12. Tels meschans pourront bien se lamenter
          & plaindre,
Car ils seront blasmez a ce grand Iugement:
Las ! quels fremissemens ! combien doiuent-ils
          craindre?
Les bons mesmes craindront,rēplis d'estonnemēt.

13.   Lors ils diront entr'eux, tous confus de tri-
          stesse,
Comment furent nos cœurs si durs & obstinez?
Car helas ! nous serons à jamais & sans cesse
En ces lieux de tourment à jamais tourmentez.

14. Las!pauures insensez, las!nous portiōs enuie
Contre les gens de bien,en nous mocquāt d'iceux
Mais ils sont maintenant jouïssans de la vie,
Et nous,tres-malheureux,sōmes priuez des cieux.

15.   Las! nous auions assez les moyens de bien-
          faire,
Les aduertissemens ne nous manquoyent iamais:
Dieu nous cerchoit assez pour nous donner sa
          Gloire:
Mais nostre cœur estoit endurci & mauuais.

16. L'aueuglemēt nous fist ingrats à recognoistre

La grand bonté de Dieu, Createur fouuerain,
Sans le vouloir duquel nous ne pouuiós rien eftre,
Et qui en vn clin d'œil nous peut reduire en rien.

17. Nous euſſions bien mieux faiĉt ſuiure les
voyes certaines,
Telles que Ieſus-Chriſt les nous vint enſeigner,
Que de nous obliger à ſi cruelles peines,
Qui dureront touſiours au profond de l'Enfer.

SVR LE MESPRIS
du monde.

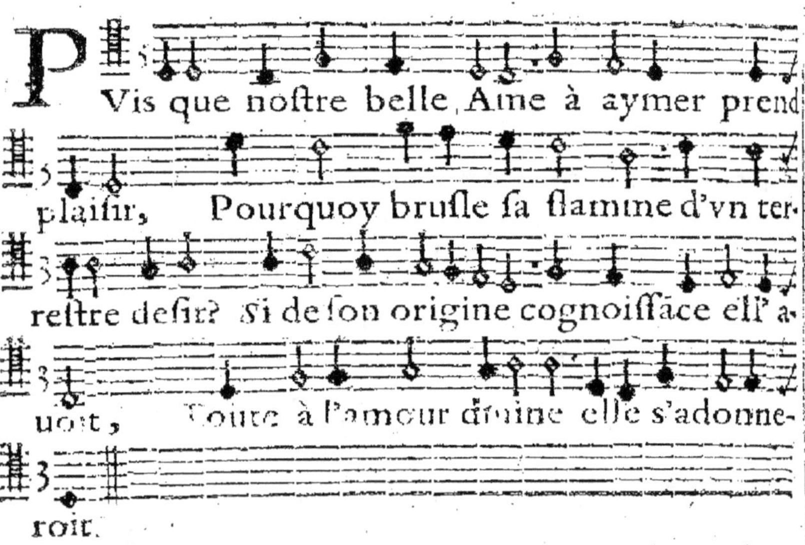

2. Si elle ſçauoit cognoiſtre,
D'vn raſſis iugement,
D'ou procede ſon eſtre,

Et son auancement,
Vne terrestre masse
Ne la retiendroit pas,
D'vne chose si basse
Elle ne feroit cas.

3. Elle seroit portee,
D'vn vol plus courageux,
Sur la splendeur voûtee
Des plus sublimes cieux,
Pour en la compagnée
Des Anges s'esioüir,
Et toute en Dieu rauie
De son amour joüir.

4. Tout l'auoir de ce monde
N'est rien que pauureté.
Ou la richesse abonde
Vient la necessité.
Ce n'est qu'a sa ruine
Tant plus l'homme a de bien,
S'il n'a l'amour diuine,
A la fin il n'a rien.

5. Tant plus l'homme possede
En ce monde inconstant,
Plus son desir excede
Et n'est jamais content.
Vn seul Dieu rassasie
Nostre ame abondamment,
En Iesus est sa vie,
Et son contentement.

6. Il n'est rien perdurable

En ce val terrien:
Dieu seul est desirable,
Comme souuerain-bien.
Le ciel la terre & l'vnde
Passeront quelque iour,
Rien n'est stable en ce monde
Que le diuin Amour.

7. L'Amour se recompence
D'vn reciproque Amour :
Las c'est Dieu qui commence
A nous faire l'Amour:
Par Amour il delaisse
De son pere le sein,
Pour nous donner la main,
Par amour il s'abaisse

8. Dieu qui est redoutable
Par la voûte des cieux,
Petit en vne estable
Vient naistre en ces bas lieux,
Qu'est-ce qui le transporte
A cet humble dessein,
Si n'est l'Amour qu'il porte
A tout le genre-humain?

9. Amour a faict descendre
Le Dieu de maiesté,
Pour en la Vierge prendre
Forme d'humanité:
Amour faict qu'il esgoutte
Tout son sang precieux,
En la Croix goutte à goutte
Pour l'homme vicieux,

10. Si donc nostre belle Ame
   A l'Amour prend plaisir
   Faut que brusle sa flamme
   D'vn celeste desir
   Sans mettre son attente
   Es plaisirs d'icy bas
   Ainsi viura contente
   Mesme apres le trespas

Chanson sur le Psalme 121. Lætatus sum. &c. Ou l'ame deuotte se rejouïst en la meditatiõ de la gloire celeste.

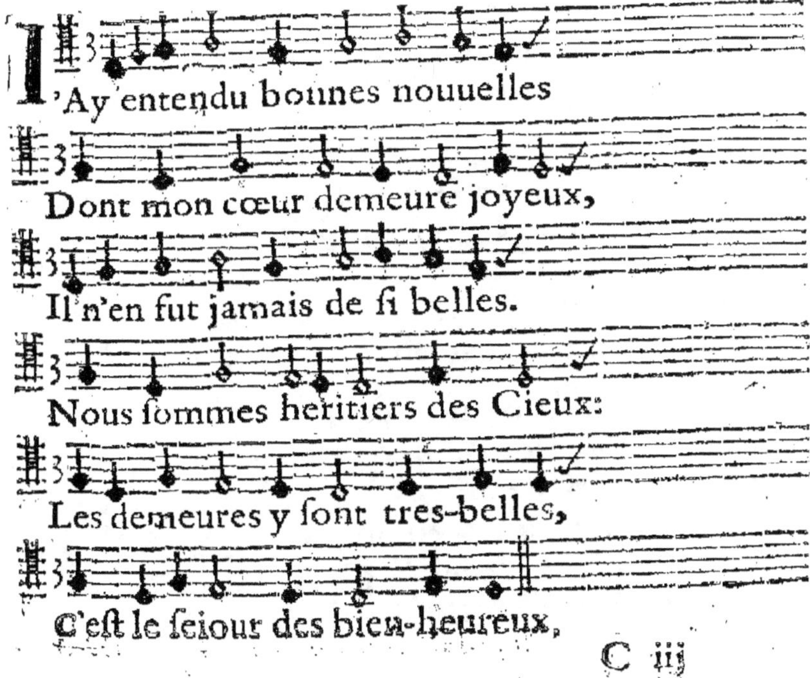

2. Le Dieu viuant nous certifie
   Qu'apres le decés de nos corps,
   Nous jouïrons d'vne autre vie,
   Pourueu qu'en Dieu soyons bien morts;
   Telle vie est pleine & remplie
   De liesse joye & repos.

3. C'est vne agreable nouuelle,
   Toute pleine de gayeté,
   C'est le Grand Dieu qui nous appelle,
   Pour nous remettre en liberté:
   Approche donc Ame fidele,
   Cognois de Iesus la bonté.

4. O Hierusalem desirable,
   Surpassant tous entendemens,
   O lieu sur tous lieux agreable,
   Regorgeant de contentemens!
   C'est la recompense admirable
   Que Dieu promet à ses enfans.

5. Mon Ame tousiours s'achemine
   Des pieds de ses affections,
   Cerchant ceste Gloire diuine
   Pleine de consolations:
   C'est là ou tousiours ell' encline
   Pour toutes recreations.

6. O Hierusalem bien-aimée,
   Saincte Cité des Bien-viuans,
   Tu es de Dieu edifiée,
   Pour ses legitimes enfans,
   Qui de mesme cœur & pensée
   Se sont monstrez obeissans

7. Car c'eſt là ou montent ſans ceſſe,
   Les Sainctes Generations
   De Dieu:& qui fendant la preſſe,
   Fuyent le monde & ſes traiſons:
   C'eſt là ou Iſrael confeſſe
   Vn ſeul Dieu en toutes ſaiſons.

8. Hieruſalem ſeulle & vnique,
   Ou ſe void la gloire des cieux,
   Ou tout eſt remply de muſique,
   Et d'vn concert armonieux;
   Toute la nature Angelique
   S'y eſiouïſt à qui mieux-mieux.

RESSENTIMENT DE
la Saincte Croix & paſſion de
noſtre-Seigneur.

Falloit-il que pour toy meſchâte terre & cēdre,
Le ſainct verbe du Pere en terre vint deſcendre,
Qu'il ſe fiſt chair & ſang pour ton infirmité,
Et qu'il ſe ſoit veſtu de ton humanité?

Il ſouffrit homme-Dieu d'vne volonté franche
Les rigueurs de la mort, pendant ſur ceſte brâche,
O terre, ô poudre, ô cendre, ô bourbier de peché
Que ne ſuis-ie moy-meſme à ce tronc attaché?

Que fuſſent tous mes oz diſioints de leurs ioin-
  tures,
Auec autant de maux que j'ay de forfaitures:
Que mon corps fuſt tout ſang, tout playes, & tout
  coups,
Battu, percé, meurtry de verges & de cloux.

Que mon corps fuſt reduit à ſa fin plus extreſme,
Et que ie fuſſe mort moy-meſme pour moy-meſ-
  me,
Sans que mon Createur, mon Sauueur & mō Roy
Payaſt à mon acquit cette debte pour moy.

Mais hélas! tout mō ſang eſpuiſé de mes veines
Toute ma vie eſteinte apres cent mille peines,
Ne pouuoit m'acquitter enuers le Roy des Rois
Si ſon Fils n'euſt ſouffert la mort ſur cette Croix

Chere palme d'honneur, de paix & de victoire
Inſtrument de ſalut, de bon-heur & de gloire,
Doy-ie pas l'admirer, doy-ie pas t'honorer?
Plus-toſt ne doy-ie pas t'aimer, & t'adorer?

Ie le doy, il le faut: Donc ô branche ſacree,
En laquelle auiourd'huy ie m'attriſte & recrée
                              T'admiran

T'admirant, t'honorant, t'aymant & t'adorant
Par vn double ruisseau sur ma face coulant.

Que l'aise la tristesse hors de mon cœur enuoye
Abondance de pleurs afin que ie te noye
Et me noyant moy-mesme en ma triste douleur,
Plorant en deplorant la mort de mon Sauueur.

Mais ce n'est pas assez que ceste Croix sacree,
Soit lauee de mes pleurs, de mon cœur adoree
Il faut qu'elle me soit moyen de surmonter,
Et le monde, & la chair, & le prince d'enfer.

Que du monde & de moy de tout point ie m'ar-
rache,
Et que sur cette Croix de sorte ie m'attache,
Que ie m'aille du tout en elle transformant,
Comme la chose aimée en celle de l'amant.

Espousons-donc ce tronc du feste en ses racines,
Espousons ces trois cloux, ces verges ses espines,
Espousons ce sainct fer qui nous ouurit le ciel,
Et soyons abruuez de vinaigre & de fiel.

Nous verrons que ce bois nous seruira d'échelle,
Pour monter au seiour de la vie eternelle,
Qui est promise aux bons sur la voûte des Cieux,
Ou viuront à iamais tous les saincts Bien-heureux.

PARAPRASE SVR LE
Stabat mater dolorosa.

D

2. O combien fut ell' atteinte
Et de douleur & de crainte,
Lors que son enfant mouroit?
Que ses yeux souffroyent de gesnes,
Lors qu'elle voyoit les peines
Que son cher Fils enduroit.

3. Lors qui se pourroit contraindre
De regarder, sans se plaindre,
Celle Mere souspirer?
Au milieu de tant d'allarmes,
Qui la pourroit voir sans larmes
La mort de son Fils plorer?

4. Elle voyoit au supplice
Iesus Christ net de tout vice,
(Pour son peuple) dechiré:
Et pour nostre seulle offense
Son enfant plein d'innocence
Mort passe & deffiguré.

5. O Mere, & Vierge, Marie,

Source d'amour , ie vous prie
Que ie sente vos douleurs,
Que ce Sauueur de mon Ame
De son sainct amour m'enflamme,
Et soit propice à mes pleurs.

6. Dans mon cœur, qui vous reuere
Fichez pitoyable Mere;
Fichez bien-auant ces cloux:
Naurez-moy de ses blesseures,
Faictes-moy part des iniures
Qu'on luy fist sentir pour nous.

7. Que le reste de ma vie,
Ie ne brusle d'autre enuie:
Que de plaindre son tourment:
Et qu'auec vous à toute heure,
Au pied de la Croix ie pleure
Et l'amente incessamment.

Auec vous Vierge sans tache,
Que mille souspirs ie lasche,
Le dueil soit mon reconfort,
Iamais ne soit effacée
De ma profonde pensée
L'image de cette mort.

9. Soit de ses playes nauree
Et de son sang en-yuree
Mon ame ardente en amour.
Vierge contre mon offense
Prenez en main ma deffense
A l'heure du dernier jour.

10. Que pour mes plus sainctes armes

Sa Croix, humide de larmes,
Soit toufiours deuant mes yeux:
Que fa grace me confole:
Qu'en fin mon Ame s'en vole
Apres ma mort és hauts Cieux.

SVR LE MESPRIS DE
la mort par Mr. Matthieu.

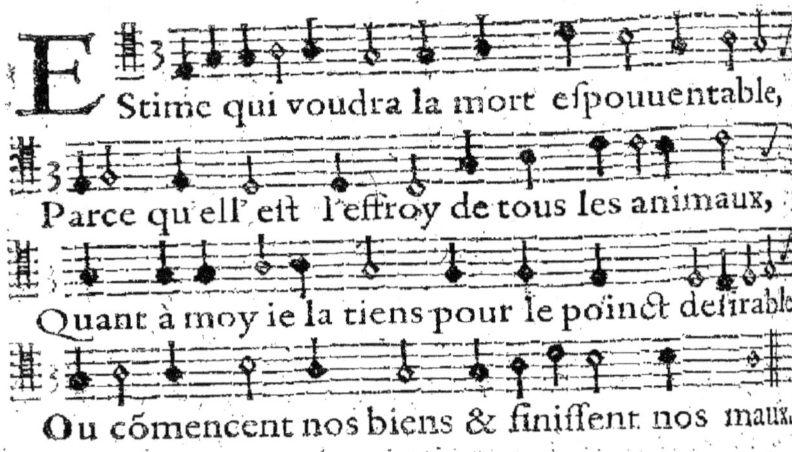

Cette difformité de la mort n'eft que feinte,
Elle porte vn beau frôt foubs vn mafque trôpeur:
Mais le mafque leué, il ny a plus de crainte.
On fe rid de l'enfant qui pour vn mafque à peur.

A qui craint cefte mort, la vie eft defia morte:
Au milieu de la vie il luy femble eftre mort:
Sa mort il porte au fein, elle au tombeau le porte.

Car craindre de mourir est pire que la mort.

Quel bon-heur te promet la vie, pour la suiure?
Quel malheur à la mort pour l'abhorer si fort?
Tu ne veux pas mourir, & si ne sçais pas viure,
Ignorant que la vie est vne vie-mort:

La vie est vne guerre estrangere & ciuile,
L'homme a ses ennemis & dedans & dehors:
Pour conseruer le fort la mort abbat la ville,
Et pour sauuer l'esprit elle destruit le corps,

Le Monde est vne mer, la Galere est la vie,
Le temps est le Nocher, l'esperance le Nort,
La fortune est le vent, les orages l'enuie,
Et l'homme est le forçat, qui n'a port que la mort.

Il n'y a point de mort soudaine à l'homme sage,
De tous les accidens son cœur va au deuant:
Quãd il s'embarque il pense au peril du naufrage;
Et cesse de voguer quand il n'a plus de vent.

Puis que tu ne sçais pas ou la mort te doibt
          prendre,
Si de nuict ou de iour, en quel aage, en quel point,
En tout temps, en tout lieu, il te la faut attendre:
Car de ce qu'on attend on ne s'estonne point.

Ne remets a demain du depart les affaires,
Chés le retardement loge le repentir:
En vn moment la mer & les vents sont contraires:
Toute heure est bonne à qui se resoult de parti.

Te plaignant de mourir en la fleur de ton aage,
Tu te plains de sortir trop tost de la prison:

Tu te fasche d'auoir acheué ton voyage,
Et d'auoir recueilli tes fruicts en leur saison.

La vie par l'effect s'estime & non par l'aage
L'ouure & non la durée en fait le jugement
Prou vit qui a vescu jusqu'à ce qu'il soit sage
Le bien-viure se change en viuant longuement.

Tant plus dure ton corps, tant plus ton ame en
Et ne peut assez tost d'vn tel logis sortir: (dure,
Elle y vient toute pure, elle y vit toute impure,
Et souffre mille ennuis auant que d'en partir.

L'esprit dedans ce Corps est retenu par force
Il y vit en danger, en frayeur il y dort:
Il faut pour faire fruict qu'il rompe son escorce,
Et pense que jamais assez-tost il n'en sort.

L'homme n'est pas ce corps, son estoffe est plus
                belle,
Car des beautez du Ciel elle tient sa beauté:
Et quand le corps est mort, elle reste immortelle
Comme vn rayon sorty de la Diuinité.

Si ceste ame en ce corps, tant de tẽps morfódue,
Ne sort allegrement elle ne se souuient
Qu'elle doit remonter d'ou elle est descendue,
Et qu'il faut à la fin retourner d'ou l'on vient,

Tu crains pour la douleur que cette mort ameine
Mais ce n'est qu'vn torrent qui se pert en courãt:
En cett' extremité l'homme n'a point de peine,
Car le corps abbattu ne sent rien en mourant.

Il tarde au pelerin d'acheuer son voyage,

Le marinier voudroit n'eſtre plus ſur les eaux:
Tout ouurier s'eſiouïſt au bout de ſon ouurage,
L'homme pleure approchant de la fin de ſes
    maux.

Pour vn temps la clarté du Soleil eſt rauie,
Mais tu la reuerras bien plus luiſante vn iour:
Et ce iour que tu crois le dernier de la vie,
Eſt vne autre naiſſance en l'immortel ſeiour.

Pourquoy crains-tu paſſer ſur cette eſtroitte
    planche,
Ou Dieu-meſme a paſſé, & ou tous hommes vont?
Tu y vas en enfant que l'on tient par la manche,
Et touſiours apres-toy tu retourne le front.

Au dela tu verras ces plaiſantes campagnes,
Dont l'immenſe beauté ſurpaſſe le diſcours:
Des Rois & des ſubiects les ames ſont côpagnes:
C'eſt vn eſtat certain qui durera touſiours.

Que verras-tu de plus pour viure dauantage?
Ce Ciel, & ce Soleil ſe ſont veuz autre-fois:
Et quant tu renaiſtrois pour paſſer vn autre aage,
Cet vniuers ſeroit tout tel que tu le voids.

La mort finiſt les maux elle eſt le ſeul refuge
De celuy qui ne peut euiter le courroux
D'vn ſuperbe ennemi & d'vn ſeuere iuge:
C'eſt vn bien que le ciel a ordonné pour tous.

A ce dernier depart l'ame rit le corps pleure,
Le banny s'eſiouïſt au temps de ſon retour:
Ce corps c'eſt le logis ce n'eſt pas ſa demeure.
L'Ame immortelle veut vn immortel ſeiour.

D'vn eternel repos ta fatigue est suiuie,
Ta seruitude aura vne ample liberté.
Ou se couche la mort, la se leue la vie,
Et ou le temps n'est plus là est l'eternité.

LE DERNIER ADIEV
au monde & à ses vanitez.

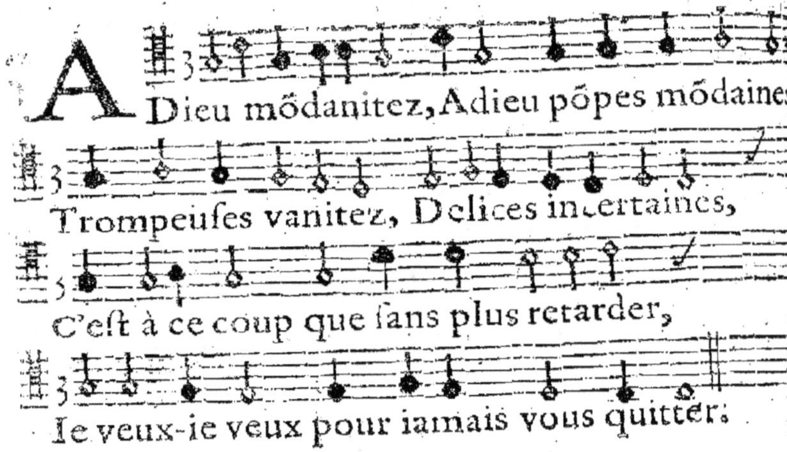

Adieu monde enchanteur,
Doux venin de mon ame,
Doux tyran de mon cœur,
Douce & cuisante flamme,
C'est à ce coup que sans plus retarder,
Ie veux-ie veux pour iamais vous quitter.

Tu m'as long-temps deceu,
par ta douce apparance,
Tu m'as long-temps repeu,

D'vne vaine esperance.
Mais à ce coup ie m'en suis retiré
Iamais-jamais ie n'y retourneray.

I'ay en fin descouuert
Tes ruses & finesses:
Malheureux qui te sert,
Deçeu de tes promesses.
Puis-qu'a ce coup ie m'en suis retiré,
Iamais jamais ie n'y retourneray.

Ie m'estois mesconté,
De cercher asseurance
En ta prosperité,
Qui n'a point de constance.
Puis-qu'a ce coup je m'en suis retiré,
Iamais ie n'y retourneray.

Ta gloire est comme vn vent,
Ou vn peu de fumée,
Qui passe en vn moment
Du premier vent poussée,
Puis-qu'a ce coup ie m'en suis retiré,
Iamais iamais ie n'y retourneray.

Tes estats & grandeurs,
Ce ne sont que folies,
Tes bons iours & faueurs,
Ne sont que flatteries.
Puis qu'a ce coup ie m'en suis retiré
Iamais jamais ie n'y retourneray.

Tes joyes sont malheurs,
Tes yeux sont piperies,
Tes propos sont menteurs,

Tes deſſeings tromperies.
Puis qu'a ce coup ie men ſuis retiré,
Iamais iamais ie n'y retourneray.

Brief, tes comportemens
Sont autant de ſottiſes,
Tous tes ébatemens
Sont autant de feintiſes.
C'eſt à ce coup que ſans plus retarder,
Ie veux-ie veux à iamais les quitter.

Heureux qui en vn bois,
Eſcarté de ta rage,
S'exemptant de tes loix,
S'affranchiſt de ſeruage.
Mais plus heureux, qui en Religion,
Peut viure exempt de toute paſſion.

Heureux qui en vn lieu
Paiſible & ſollitaire,
Librement à ſon Dieu,
Peut ſeruir & complaire.
Mais plus heureux qui en Religion,
Le ſert, tendant à la perfection.

Ie veux ſuiure Ieſus,
Le Sauueur de mon Ame,
De toy ie ne veux plus,
O monde trop infame.
Puis-qu'a ce coup ie m'en ſuis retiré,
Iamais iamais ie n'y retourneray.

F I N.

RESOLVTION D'VNE
Ame qui se veult du tout resigner à Dieu.

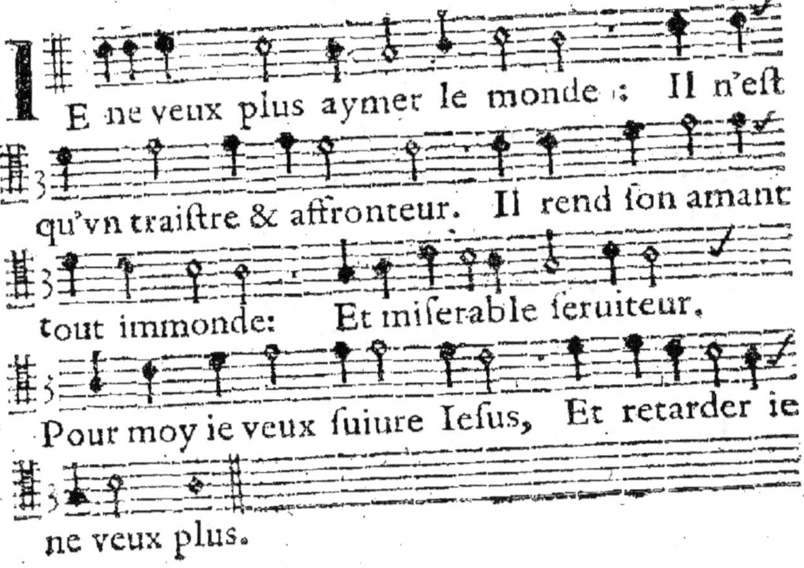

Ie ne veux plus aimer la terre,
ses biens s'en-vont comme le vent,
Fragiles sont comme le verre,
Et tres-amers le plus souuent.
    Pour-moy ie veux suiure Iesus,
    Et retarder ie ne veux plus.

Iesus est ma seulle esperance,
Iesus seul est mon doux amour,
Iesus seul est ma confiance,

Iesus seul j'aime nuict & iour.
Pour moy ie veux suiure Iesus,
Et retarder ie ne veux plus.

Iesus est escrit en mon Ame,
Iesus est graué dans mon cœur,
C'est Iesus seul que ie reclame,
Comme mon ynique Sauueur.
Pour moy ie veux suiure Iesus,
Et retarder ie ne veux plus.

A Iesus seul ie me dedie,
A luy me donne entierement:
Car luy seul me donne la vie
Auec entier contentement.
Pour moy ie veux suiure Iesus,
Et retarder ie ne veux plus.

Au Ciel au Ciel Ames deuotes,
Qu'a Dieu s'enuolent vos desirs,
Car vrayement ces ames sont sottes,
Qui ailleurs cerchent leurs plaisirs.
Pour moy ie veux suiure Iesus,
Et retarder ie ne veux plus.

LES SOVHAITS D'VNE
Ame qui desire aimer Dieu fidelement.

2   Aimer est vn martire,
Quand on ne l'ose dire:
Mais ie n'en suis ainsi :
Pouuant aimer, & dire,
Celuy que ie respire
Me le permet aussi.

3.   Si i'estois si heureuse,
De Dieu estre amoureuse,
I'aurois la liberté,
Si i'auois le courage,
De d'estourner l'orage
De ma captiuité.

4.   Vne Ame est fort contente,
Quand sa douleur s'augmente,
La voulant endurer:
Que ferai-ie, imparfaicte;
Las! puis-que ie regrete
Vn mal qui est leger?

5.   Bon Iesus que i'adore,
Faites tant que i'honore
Ce qui est verité:
Ne me fermez la porte,

Rendez-moy la plus forte
Contre la vanité.

6. Ma plus grande souffrance,
Mon-Dieu, c'est voftre abfence
Las! qui me fait languir;
Ce mal eft fort extrefme ,
Mais, puis-que ie vous aime,
Ie le veux bien fouffrir.

7. Si i'en aï la victoire,
O Seigneur plein de gloire,
I'iray vous beniffant:
Les Anges & Archanges
Vous en diront loüanges,
Sans fin vous adorant.

L'AME IMMORTELLE
demande fecours contre fes ennemis.

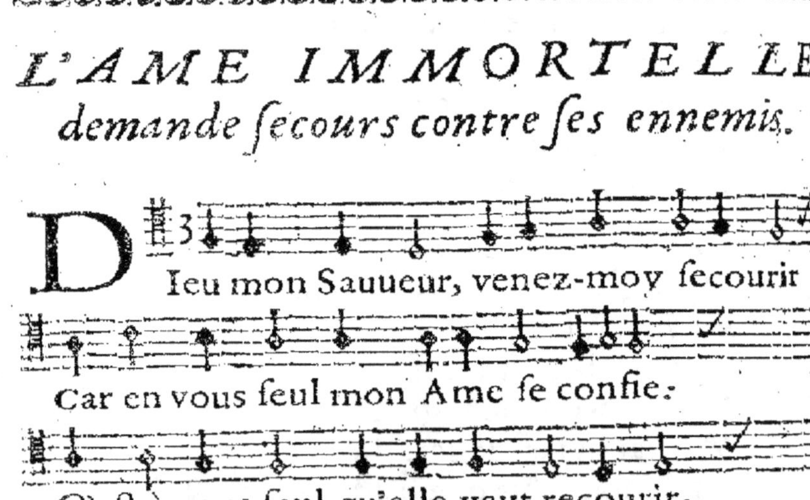

Mes ennemis m'assiegent tout au tour,
De toutes pars leurs allarmes me pressent,
Sans me donner trefues ny nuict ny iour,
Et peu s'en faut souuent qu'ils ne m'oppressent.

Mais prestez-moy Seigneur, vostre bras fort,
Vostre bras fort, puissant Dieu des armees,
Ie m'en iray, puis forçant leur effort,
Ie fouleray leurs testes desarmees.

Puis despouillant ce Geant inhumain,
A l'arbre sainct de vostre Croix sacree,
Payant mon vœu i'apprendray de ma main
Cette despoüille à vous seul consacree.

Puis qu'il vous plaist, magnifique Seigneur,
Partir encor', plus a mon aduantage,
En me voulant faire part de l'honneur:
Ie vous rendray l'honneur de mon partage.

S'il vous plaist donc, puis nous deuiserons
Entre nous-deux du fruict de la victoire:
Et en apres ainsi nous partirons,
Le gain soit mien, & a vous soit la gloire.

REGRETS DVNE AME,

qui s'estant laissee emporter aux pom-
pes du Monde, commence a en co-
gnoistre la vanité, & ne respire
que le Paradis.

Ie ne redoute point tes forces,
Monde, qui me veux deceuoir,
Ny toy, ny tes feintes amorces
N'auront iamais plus de pouuoir
Dessus mon cœur qui n'est espris,
Que de l'amour du Paradis.

D'autres feux embrasent mon Ame,
D'autres traits ont blessé mon cœur,
Ie ressens bien d'vne autre flamme
La douce & violante ardeur,
Et ne sçaurois plus estre espris,
Que de l'amour de Paradis.
Ce flambeau qui tout illumine
A mon chaste cœur éclairé,
Luy seul enflamma ma poictrine,
De luy seul suis enamouré,
Si bien que mon cœur n'est espris
Que de l'amour de Paradis.
Adieu donc amere folie,
Adieu débauche de ma foy,

Adieu

Adieu ma douce tyrannye,
Vous m'auez trop donné la loy:
Non ie ne veux plus estre espris
Que de l'amour du Paradis.

Fy fy de ces vaines delices,
Fy de vos traits & de vos feux,
Ie laisse tous ces artifices
A vos esclaues amoureux:
Et ne veux iamais estre espris,
Que de l'amour du Paradis.

Allez allez noire fumée,
Allez sorciere de mon cœur,
Ie vous ay trop long-temps aymee,
Et suiui vostre esprit mocqueur:
Maintenant ie veux estre épris
Du sainct Amour du Paradis.

O belles forests solitaires,
Et vous, ô rochers escartez,
Dedans vos grottes salutaires
Tous mes desirs sont arrestez:
Iamais ie ne veux estre épris,
Que de l'amour de Paradis.

Permettez-moy que ie souspire
Au doux silence de vos bois,
Et que dedans vous ie n'aspire
Que d'esleuer à Dieu m'a voix:
Puis-que mon cœur n'est plus épris
Que de l'amour du Paradis.

F v

EFFECTS DE L'AMOVR
Diuin en vne Ame qui en est touchée.

Las ! que cet amour m'enflamme,
Il me blesse il me rauit,
Tous les sens de ma pauure Ame
S'en vont auec mon esprit.

Si Dieu pardonne l'offense
D'vn cœur sanglottant de pleurs,
N'auray-ie point d'esperance
En regrettant mes malheurs?

Mon cœur plein de repentance
D'auoir offensé son Dieu,
N'aura d'autre souuenance
Qu'a le loüer en tout lieu.

Et vous ô Saincts pitoyables,
Qui viuez heureusement,
Soyez-moy tous fauorables

1 A moy pecheur penitent.
      Heureuse Vierge-Marie
Priez pour moy vostre enfant,
Et m'aidez ie vous supplie,
Au grand iour du Iugement.

*Resolution d'vne Ame qui se veut ex-
citer à l'amour de Dieu.*

Il faut Ame de Dieu cherie,
Pour passer heureuse ta vie
Que tu ne sois iamais saisie
D'vn fol amour,
Qui donne la mort, non la vie,
Comme la nuict chasse le iour.
      Il faut que toutes tes pensées,
Tes perfections plus rabaissées,
Par toy soyent tousiours compassées
D'vn sainct amour,

F ij

Nos actions ainsi passées,
C'est vn agreable seiour.
   Comme tu voids la belle Aurore,
Qui de son teint le Ciel redore,
O Mon Ame, aussi tost adore
Ton sainct amour,
Le soir venant adore encore
Celuy qui t'a donné le jour.
   Deuant le iour leuant ton aile,
Comme la chaste colombelle,
Tous-iours sur quelque ardeur nouuelle
De son amour,
Ainsi tu seras toute belle,
Plus belle cent fois que le iour.

L'AME NONOBSTANT

sa foiblesse, entre en esperance d'imiter nostre-Seigneur.

Ie propose de limiter
Et me regler
Sur ses conseils les plus parfaicts;
Mais ma foiblesse
Iamais ne laisse
Mon ame en paix.
    Encor que ie ne puisse pas,
Suiure ses pas,
Ce n'est pas que sa Maiesté
Soit esloignée
De ma pensee
Ny sa bonté.
    Mais bien vn autre empeschement
Plein de tourment
Sans cesse me tient agité:
La grace attire,
Le sens retire;
O pauureté !
Mais ce bon Dieu qui cognoist mieux
Ce que ie veux,
Et que sans luy ie ne puis rien,
Veut que i'espere,
En ma misere
Vn plus grand bien.
    Il sçaura bien me consoler,
Et retirer
Hors de tous ces fascheux tourmens,
Rendant mon Ame
Paisible & calme,
Mais qu'il soit temps.
    Ie veux donc r'entrer en mon rien,
Pour estre sien:

F iiij

A son immortelle bonté
Ic sacrifie,
Auec ma vie
Ma volonté.
   Mon Dieu, la gloire de mes yeux,
Flambeau des Cieux,
Vous sçauez blesser & guerir
Cil qui vous aime,
Et qui se peine
Pour vous seruir.
   Qui a blessé ma volonté?
Vostre bonté,
Qui veut sans cesse, & a tous-iours
Rendre contente
De son attente
Mon Ame vn iour.

LES SEPT PSALMES

*composez par sainct Bonauenture à
la loüange de la Vierge Marie.*

Psalme I.

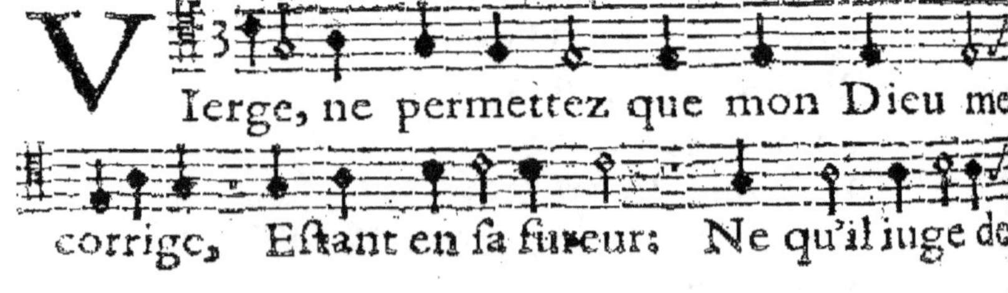

fon cœur.

O Dame, ce fera à voftre fainéte alteffe
Vn honneur glorieux,
Que pour l'amour de vous Iefus-Chrift ne nous
Malheureux en ces lieux.   (laiffe
Helas! deliurez-nous, amoureufe pucelle,
De la porte d'Enfer,
Et du ventre enfouffré de l'abyfme eternelle,
Pour au Ciel triompher.
Que les portes du Ciel, à toutes nompareilles,
Soyent ouuertes pour nous,
Afin qu'en vous voyant nous chantons vos mer-
Proche de voftre Efpoux.   (ueilles
Ny ceux qui font ia morts , ô bien-heureufe
Ny ceux des bas Enfers,   (Dame,
Ne vous loüangeront:mais feulement noftre Ame
Vous chantera des vers.

Pfalme 2.

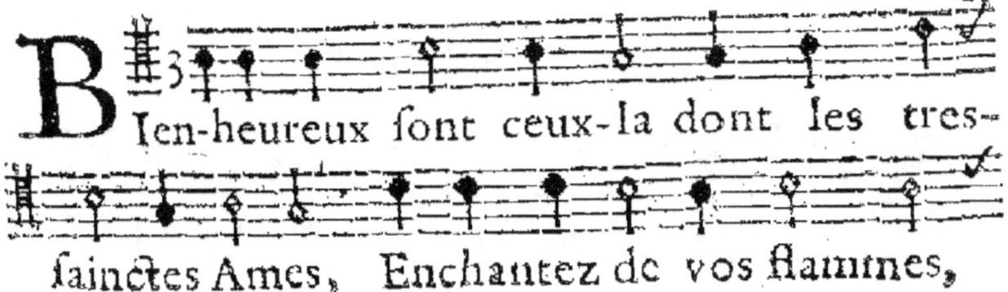

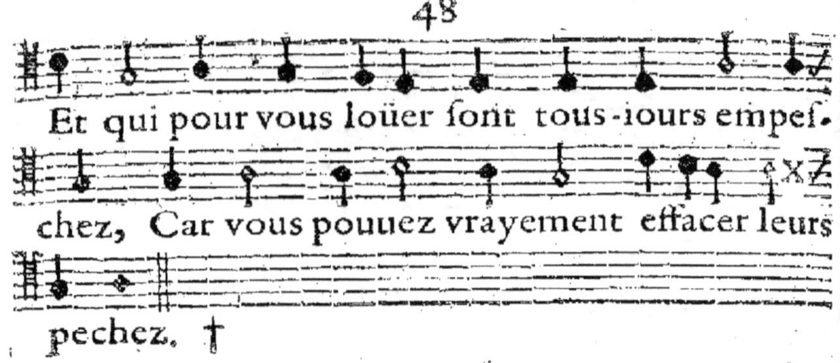

Vos Sainéts flancs porte-fleurs, vos entrailles
Sont du grand Dieu beniftes   (eflites
De pure chaſteté pour nous auoir produit
Ceſte fleur agreable au milieu de la nuiét.
    Voſtre excellant hóneur, & voſtre beauté claire
Ne ſe verront deffaire
Par la corruption. Meſmes de vos vertus
Les graces, ny le los ne ſeront abattus.
    Vous eſtes donc benite, ô amiable Vierge,
Et de Ieſſé la Verge:
Vous eſtes efleüée en honneur glorieux
Iuſqu'a celuy qui tient pour ſon trofne les Cieux.
    O ſainét rameau royal, de tous humains la ioye,
Et l'agreable voye,
Par ou le vray ſalut eſt a nous deſcendu,
Des lambris azurez pour payer noſtre deü.

Pſalme 3.

Ierge d'honneur impetrez-nous pardon,
                                        De nos

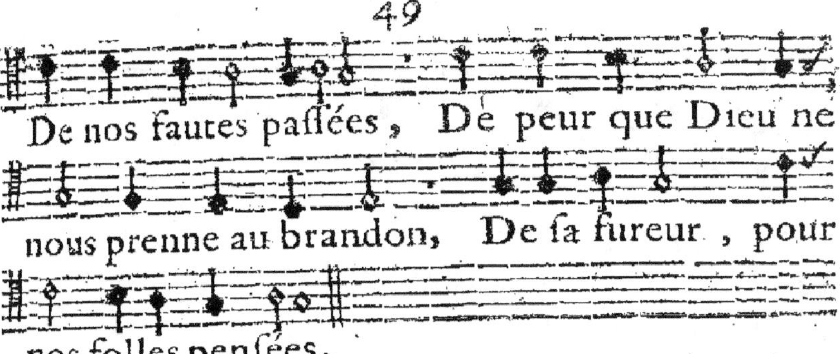

Que le deſir qui giſt dans noſtre cœur,
Auec noſtre eſperance,
Et le profond de noſtre interieur
Soyent mis deuant voſtre ſainĉte preſence.
Mon cœur ſe trouble enfermé en mon corps,
Et me trouble moy-meſme:
Et tout de moy la lumiere dehors
S'eſt retirée, ainſi que d'vn corps bleſme.
Lancez en moy, qui ſuis tout aueugle,
Voſtre brillante veüe,
Mon pauure cœur eſt du tout dereglé
Laiſſant de Dieu mon Ame deſpourueüe.

Pſalme 4.

Selon la misericorde
De vos celestes bontez,
Lauez les iniquitez.
Ou mon ame se desborde.
    Espanchez sur moy la grace
De voftre illuftre vertu,
Ne me laiffant defpourueu
De voftre œil en toute place.
    Reconciliez mon Ame
Auec voftre benoift fruict,
Faictes vn iour de ma nuict
Auec voftre Fils, ma-Dame.

Pfalme 5.

Que vos astres bessons, vos torches flamboyâtes
Ne nous soyent escartez:
Ne prenez en desdain nos Ames larmoyantes,
Pour nos impietez.
　Ne m'abandonnez pas au conseil & enuie,
De tous mes ennemis;
Ne permettez aussi que durant cette vie
En theatre sois mis.
　Tous ceux qui ont sur vous fermé leur confiãce
Les serpens ne craindront,
Et qui font hault-sonner vostre grande puissance
Leurs aguets esteindront.
　Par vostre pur Concept donnez-nous tant de
Qu'ayons espoir en vous: (grace
Que vostre enfantement en ceste terre basse
Soit graué dedans nous.

Psalme 6.

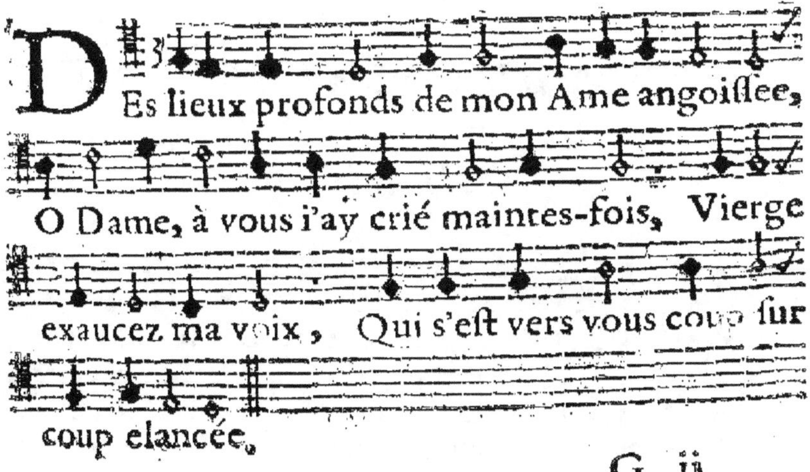

G ij

Ouurez-ouurez vos fidelles oreilles,
Pour m'escouter en ma deuotion;
Glorification
De vos beautez, qui n'ont point de pareilles.
 Deliurez-moy des voleurs sanguinaires,
Et ennemis qui viennent contre nous,
Car secours vient de vous,
Et au milieu de la nuit nous esclaires.
 Qu'ils soyent confus, & toute leur cohorte,
Tous leurs desseins, & tous leurs vains efforts:
Faitez-lez tomber morts,
Dedens le lac ou toute vie est morte.
 Deliurez-moy au iour espouuantable,
Deliurez-moy au souspir de la mort,
De l'effroyable port,
Du noir manoir, repere lamentable.
 Assistez-nous, ô tres-fidele guide
Pour nous conduire au port de Iesus-Christ,
Mon nom estant escrit
Entre les Saincts ou le grand Dieu preside.

Psalme 7.

Le malin va ſuiuant ma vie
Pas à pas la perſecutant,
Ma preſence eſt de luy ſuiuie,
Qui coup ſus coup la va tentant.
    Il ma noircy par ſa malice,
Et a orgueil ſur moy graué,
Si que par ſon traiſtre blandice
Ie me ſuis par trop éleué,
    Ne deſtournez pas voſtre face
De moy, de peur que m'oubliant,
Ie ne bronche, en ſuiuant la trace
Du Malin, au lac foudroyant.
    Enuoyez-moy voſtre lumiere
& me reparez de rechef,
Si que dans ce corps priſonniere
Mon Ame ne viue en méchef,

Fin des ſept Pſalmes de S. Bonauenture.

AVTRES CANTIQVES
à la loüange de Dieu & de la Vierge,
qui commencent par vne belle &
agreable confeſſion des
pechez.

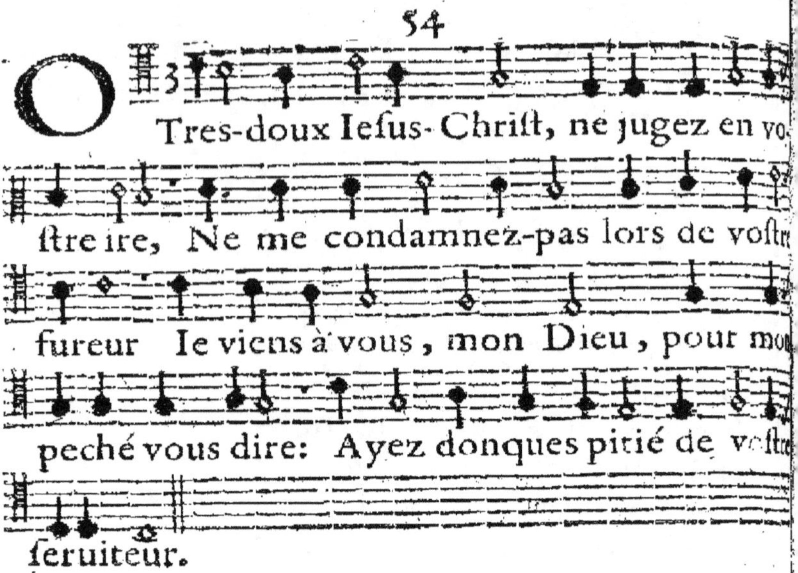

Soyez-moy aduocat vers voſtre iuſte Pere,
La grandeur de mes maux va mon cœur eſtonn
Pardonnez en faueur de voſtre ſaincte Mere
Les pechez que i'ay faicts iuſques à maintenant.
  Helas, mon Dieu, helas ! mon pauure cœur
      trouble,
Mes os ſont tous briſez, m'a vertu m'a laiſſé,
Et tout apeſanty chaſque heure ie redouble
A pleurer & gemir les pechez du paſſé.

  I'ay eſperāce en vous cóme en mon ſeul refug
Vous auez du tombeau le Lazare tiré,
Et pourquoy dóc, Seigneur qui eſtes le vray Iug
N'auray-ie comme luy ce bien tant deſiré?
  Lazare eſtoit des-ia puant de pourriture,
Et ie le ſuis auſſi par mon vilain peché,
Lazare eſtoit couuert de blanche couuerture,
Mais ie voy mon linceul horriblement taché.
  C'eſt contre vous, mon Dieu, qu'offenſe i'ay có
      miſe,

Aussi est-ce à vous seul que i'en requiers pardon,
R'asseurez-donc mon Ame, & qu'elle simbolise
Auecques vostre Croix, qui sera son guidon.

Helas! Seigneur ie suis dedans la fosse obscure,
Que la nuict du peché couure de toutes parts,
Si ne prenez pitié de voltre creature
Il me faudra sentir les Plutoniques dards.

De mon cœur ie vous fais vn deuot sacrifice,
Ie me resigne à vous, suiuant voltre vouloir;
Helas, mon Dieu, que c'est vn execrable vice
Quand le vouloir n'est pas à ce que lon faict voir.

Entendez donc, Seigneurs, las! entendez mes
            uices:
L'orgueil, premieremēt, me rend par trop hautain,
L'orgueil me va rendant tout remply de malices
Pour me precipiter au manoir soubs-terrain.

Las! ce cruel bourreau a tant gesné ma vie,
Que superbe ay osé les pauures desdaigner,
Pour auecques les Grands faire vne simpatie,
Qui lors me promettoyent me faire Grād regner.

Puis l'enuie m'a faict vne griefue nuisance,
Car i'ay esté de moy le barbare bourreau,
I'ay engendré dans moy ceste mauuaise engeance,
Qui met quant elle naist son parent au tombeau.

Helas! ie me moquois de la triste fortune,
Que ie voyois venir à mon frere Chrestien:
Au contraire, chés-moy ie logeois la rancune
Contre cil qui à Dieu enuoyoit quelque bien.

Pour le tiers ennemy, qui assiege mon Ame,
C'est l'ire, qui sans fin me laisse vn creue-cœur,
C'est le bouïllant courroux, qui de sa noire flāme,
Empuantit mes sens, & m'enchante le cœur.

Las! au lieu d'endurer i'ay trop esté rebelle,
Blasphemāt vostre Nom à chasque heure de iour.
Au lieu d'aimer la paix i'ay aimé les querelles
Sans prendre garde, helas! à vostre sainct amour.
Vous auez enduré les cruelles tortures,
Pour nous racheter tous des Manoirs infernaux:
Et moy, las! ie n'ay peu endurer les iniures,
Qu'on a dit côtre moy, & souuēt pour mes maux.
Paresse vient apres, qui mon esprit tenaille,
Et de son froid pauot fait sommeiller mes yeux:
Quand ie veux vous seruir ce vice me trauaille
Pour auoir soin des biens, & de laisser les Cieux.
I'ay esté diligent aux mondaines richesses,
I'ay esté negligent aux celestes tresors:
I'ay esté diligent aux mondaines liesses,
Qui ont graué mon nom au volume des morts.
I'ay laissé mon salut, & suiuy la mort mesme,
I'ay delaissé mon Dieu, & suiuy le Demon:
Relauez-moy, Seigneur, par vn second Baptesme,
Afin qu'estant tout net ie chante vostre Nom.
Ie voy mon cœur ardent dans le feu d'auarice,
Qui brusle sans pouuoir iamais estre bruslé:
Ie le voy endurer le malheureux supplice
Qu'il s'est, côme vn Tyran, luy mesme appareillé
Ie le voy endurer la soif d'vn vieil Tantale.
Qui bat l'eau du manton, & n'en peut aualler:
Il n'est dans les enfers nulle peine infernalle.
Que luy mesme a soy-mesme il ne face endurer.
Pensant estre sauué, heureux & pacifique,
Deux autres ennemis me viennent assaillir,
L'vn me disant, Ie suis ton seruant domestique
Qui t'ay faict des plaisirs si longuement cueillir.

L'autr

L'autre me dit,ie t'ay faict viure en gourmãdise,
Ou tu as offencé ton Dieu par ce peché:
Helas,mon Dieu,helas!que ma faute commise
Me rend horriblement de grand vices taché.

  I'ay par ces deux pechez commis dix mille cri-
        mes,
Car ayant de vos biens pris prodigalement,
I'ay desdaigné l'obiect de vos sacrez regimes,
Suiuant ma liberté trop impudiquement.

SVR LES LOVANGES
de la Vierge.

V

  Qui pourroit exprimer comme outre la nature
Vous auez conserué vostre virginité
Deuant l'enfantement sans aucune blesseure
Enfantant, & apres auoir eu enfanté?

H

Si le troupeau sacré des esprits angeliques
Pour leur Maistresse au Ciel vous vont recognoi-
    sent,
Si vous estes l'honneur des chœurs Apostolique
Des Patriarches saincts le lustre apparoissant?
    Si l'ornement plus beau des bien-heureux Pro
La consolation, & renfort des Martyrs,   (phete
L'exēple aux Confesseurs, & des Vierges parfait
La lumiere esclairant les plus chastes desirs.
    Si de tous les Esleuz vous estes l'Emperiere,
Comme oseray-je bien vos merites chanter?
O mere des viuans! mon ame prisonniere
Voudroit sortir dehors pour mieux vous exalte
Que la porte du Ciel par vous nous soit ouuer
Puis que du Paradis vous estes le plaisir,
Et le recouurement de nostre triste perte,
Le Sanctuaire aussi que Dieu voulut choisir.
    Maison de la pitié & de la Sapience,
Ou ceux qui sont pressez soubs les afflictions
Trouuent soulagement & pleine deliurance
De l'importable faix de leurs oppressions.
    Si le pecheur cōtemple humblemēt vostre fa
Miroir de pureté, lors il void promptement
L'horreur de ses pechez, que soudain il efface
Par la saincte rigueur d'vn nouueau lauement.
    Vostre chef glorieux est coronné d'estoilles,
Vostre siege à soubs-luy celuy des Anges saina
Les astres vont louant vos beautez immortelle
La Lune & le Soleil vous cedēt leurs beaux tain
    Prosterné deuant vous en toute reuerence,
Ie me iette a vos pieds, faictes remission
A tous vos seruiteurs, qui sans outrecuidance
Chanteront ces doux vers pleins de deuotion

LOVANGES A LA
Vierge prifes des Peres anciens
de l'Eglife.

De Sainct Anfelme.

De Sainct Chryfoftome.

Ie ſerois trop geſné d'vne effroyable crainte,
Si je ne me ſauuois dans ce port aſſeuré:
Quiconque à eu recours à ceſte Vierge ſainɛte,
Iamais dedans les flots du mal n'eſt demeuré.

De Orofe.

Riẽ plus doux, rien plus gay que le nom de Marie
Ne peut eſtre penſé:que ſi le bras puiſſant
De Dieu veult ſur nos chefs fõdre, plein de furie,
La Vierge par pitié le va adouciſſant.
Nul ne peut appaiſer la fureur Souueraine

Ny repouſſer l'effort du glaiue puniſſeur,
Sinon par le moyen de la celeſte Royne;
Qui eſt de l'homme-Dieu la Mere, fille & ſœur.

De Caſſiodore.

O de tous les humains la diuine patronne!
Des pauures affligez la conſolation,
Du malade affoibly la medecine bonne.
Tous ont beſoin de vous, ô fille-de Sion.

De Fulgebert.

Vous n'auez en horreur le pecheur miſerable,
Vous ne le deſdaignez s'il ſe retire à vous,
Vous luy tẽdez les bras, quãd d'vn cry lamẽtable
De ſon Dieu ſouuerain appaiſe le courroux.

De Sainct Bonauenture.

Le Sceptre vous portez de la miſericorde,
C'eſt a bonne raiſon: car le plus vicieux,
Qui deſeſperément recercheroit la corde,
Se void hors de peril, s'il regarde vos yeux.

Certes quand ie regarde à voſtre belle face,
Ie ny contemple rien que douceur, que pitié:
Et Dieu pour le ſalut de noſtre humaine race,
Pour Mere vous eſleut, ô tres-grand' amitié!

Des humaines beautez voſtre beauté plus belle
Cette miſericorde engendra ſainctement,
Et Dieu pour appaiſer du monde la querelle,
Vous en a relaiſſé l'ample gouuernement.

de S. Bernard.

O pecheurs, ſi honteux de vos ames poluës,
Vous n'oſez approcher l'ardent Troſne de Dieu,
De peur qu'elles ne ſoyent comme cire fonduës,

Que l'on approche trop de la chaleur du feu.

Allez a cette Mere, & luy monstrez l'offence
Que le peché mortel dans vos ames a faict:
Vous verrez que soudain la Royne de clemence
Fera voir à son Fils ses diuins monts de laict.

Le Fils qui tout esprins de l'amour de sa Mere,
Fauorisant ses vœux, ses vlceres ouuerts
Montrera doucement au Sauuerain, son pere;
Ces vlceres qui font reuiure l'Vniuers.

Le Pere accordera de son Fils la requeste,
Le Fils sa Mere aussi ne refusera pas:
La Mere à nous aider se monstre toute preste,
Afin que le pecheur se sauue entre ses bras.

de S. Anselme.

Qui iamais demanda le pardon de ses vices
A la Mere de Dieu, qui ne l'ait obtenu?
Cil qui s'est obligé aux eternels supplices,
Qu'il inuoque Marie, il sera secouru.

Que persóne n'ait crainte, inuoquós tous Marie,
Aimons-la de bon cœur, & la nommós tousiours:
Toute profession, & que tout' aage crie
A elle, & qu'elle soit l'honneur de nos discours.

Car souuent nous auons perdu par nos soüillures
Nostre souuerain Roy, & tous ses bons amis:
Si que nous ne sçauons (chétiues creatures)
En quel gouffre impiteux le peché nous a mis.

Il reste seulement aux pecheurs miserables,
Par grand deuotion leuer au Ciel les yeux
A Marie, & cercher ses secours fauorables
Son regard est sur tout misericordieux.

Marie ouure a chascun de sa pitié la porte,

Afin que chacun ait bonne part en ſes dons:
Du malade affoibly la foibleſſe rend forte,
Au triſte donne ioye, aux pecheurs les pardons.

LOVANGE PRISE DE
Sainct Augustin.

Que pourroit propoſer la nature fragile
Des merites diuins qui vous font admirer,
Nature qui ſans vous fuſt reſtée inhabile
A ſe pouuoir iamais du peché releuer?
Si vous ne voulez pas receuoir des loüanges
Que de ceux qui pourront dignemēt les chanter,
Vous n'en aurez iamais car la trouppe des Anges
N'a pas de ſuffiſance à les bien reciter.
Qu'il vous plaiſe eſcouter de nos chāſons petites
Les tons humblemens bas, & les fauoriſer,
Bien qu'indignes ſonneurs de vos dignes merites,

Faites nous cet honneur de les authorifer.

Quãd vous nous aurez faict cefte benigne grace
De receuoir nos vœux, faites encor' pour nous
Que voftre enfant Iefus d'vne agreable face,
Oublie nos pechez, appaifant fon courroux.

Vierge reccuez-nous, feruez-nous d'antidote,
Donnez force à la foy qui s'efcloft de nos cœurs:
Redonnez-nous le bien que l'ennemi nous ofte,
Et nous faites fentir l'effort de vos faueurs.

Mere de faincteté, fecours des miferables,
Que les foibles, par vous, retrouuent leur vertu:
Oftez aux éplorez leurs fubiects lamentables,
Et priez pour le peuple en mifere abatu.

Faites que le Clergé fente voftre priere,
Et les femmes auffi (fexe deuotieux)
Faites paroiftre encor voftre aide couftumiere
A quiconque aimera voftre Nom glorieux.

Affiftez celuy-la, qui a vous s'humilie,
Et monftrez à chafcun le chemin de falut:
Que voftre foin s'eftéde (humble ie vous fupplie)
Sur ce peuple de Dieu, que jadis il s'efleut.

Vous auez merité porter dans vos entrailles
Le celefte berger qui, refidant és Cieux,
Eft defcendu ça-bas pour cercher fes oüailles,
Les fauuant aux defpens de fon fang precieux.

PRIERE A DIEV, ET INuocation des Sainds en maniere de Letanie.

Kyrie eleison.

Chriſte eleyſon.

O Sauueur Ieſus-Chriſt, le ſeul Fils du ſeul Pere,
Qui auez enduré pour moy tant de miſere,
Tout noircy de pechez, ie me viens rendre à vous:
Vous qui eſtes aſſis à la dextre eternelle,
A fin que vous lauez mon Ame criminelle,
O mon doux Redempteur, ie vous prie à genoux.

Kyrie eleiſon.

Eſprit conſolateur qui conſolez mon Ame,
Voſtre grace auiourd'huy deſſus moy ie reclame:
Qui va par vos ſentiers, marche touſiours de iour,
Car iamais auec vous ne logent les tenebres:
Parfaictes en mon cœur ce que diſent mes leures,
Le naurât ſainctemêt des traicts de voſtre amour.

Sancta Trinitas &c.

O Saincte Trinité que les Anges adorent,
O puiſſante Vnité que tous Chreſtiens honorent,

Qui

Qui fans commencement n'auez iamais de fin:
Las!regardez, Seignr,mes foufpirs & mes larmes,
Ie vous ay fait la guerre,or ie quitte les armes:
Donnez au repentir voftre pardon benin.

Sancta Maria.

Vous qui auez efté la bien-heureufe Mere
De Iefus qui nous a tous tirez de mifere:
O germe de Dauid, ô verge de Ieffé,
Qui portez ces beaux noms de douce& de pieufe,
Priez pour moy pecheur voftre portée heureufe,
Qu'en fin ie ne fois pas dans la mort delaiffé.

Sancta Dei genitrix.

O fille du Grand-Dieu aymée & amoureufe!
Par vous noftre nature a efté bien-heureufe:
O eftoille de mer brillante de clarté!
Helas?illuminez de vos graces mon Ame,
Ie me rends tout a vous, ô ma tres-Saincte Dame,
Faictes que ie vous ferue en toute humilité.

Sancta virgo virginum.

O printaniere fleur!aidez-moy ie vous prie,
Que mon ame ne foit dans les enfers perie,
Et que ie viue heureux, tous-iours en vous feruãt,
Soyez de mon falut l'aduocate preffante,
Si,qu'ayant releué mon Ame languiffante,
Ie puiffe auecques vous eftre tous-iours viuant.

Sancte Michael.

O Sainct Ange Michel, ô ame valeureufe,
Qui auez furmonté l'engeance tenebreufe
Helas! ie vous requiers me vouloir decouurir
L'aftuce de Satan, fa rufe trompereffe:
Il cerche à me piper de fa voix charmereffe:
Mais ie me donne à vous,gardez-moy de perir

Sancte Gabriel.

O Ange Gabriel, du Grand-Dieu l'Ambassade,
Afin de releuer la nature malade,
Dieu vous a depesché, pour venir prononcer
L'agreable salut à la Vierge-Marie:
Las! meslager diuin, descendez ie vous prie,
Pour me venir le iour de ma mort annoncer.

Sancte Raphael.

O diuin Raphael, ô beau nom qui veut dire,
Le Medecin de Dieu: vous tirez du martyre
Les tristes langoureux: celeste Medecin,
Medicamentez-tost mon ame langoureuse
Et saine la rendez, & a Dieu gracieuse,
Dessus vostre secours i'appuie mon dessein.

Omnes Sancti Angeli &c.

O Sainct Chœur de la-haut, belle trouppe des
    Anges   (ges
Cherubins, Seraphins, Throsnes, Vertus, Archan-
Qui tous-iours entonnez le los du Dieu tres-fort,
Ie vous prie aidez-moy contre l'effort damnable,
Que me faict iour & nuict l'aduersaire effroyable,
O celestes esprits, seruez-moy de renfort.

Sancte Ioannes Bapt.

O Sainct Ieã fils aisné des Chrestiénes trõpettes,
Par vostre saincteté Dieu a faict que vous estes
Le premier des tesmoins de sa nouuelle Loy:
Faites qu'a mon sauueur ie prepare la voye,
Et que bien épuré ie le reçoiue en ioye:
Ainsi vous l'enseignez, & ainsi ie le doy.

Omnes Sancti Patriarche & Proph.

O Prophetes tres-Saincts, Patriarches aymables
Impetrez de mon Dieu les graces desirables.

Il ne voudroit jamais de rien vous refuſer.
Vous auez (ie le croy) vers luy tant de puiſſance.
Que ſi vous me prenez deſſoubs voſtre deffence,
Vous pourrez aiſement deuant luy m'excuſer.

Sancte Petre.   (maiſtre.

Vous porte-clefs des Cieux, a qui Chriſt voſtre
A eſté tant amy qu'il vous a voulu mettre
Chef de tous ſes amis cóme vn Soleil aux Cieux:
Grand portier, effacez mes offences ſans nombre,
Afin qu'eſtant laué (car ie ſuis tout immonde)
Souleué ſur vos bras, j'entre au Ciel bié-heureux.

Sancte Paule.

Sainct Paul, Docteur certain de la verité claire,
De toute pieté le parfaict exemplaire.
Vaiſſeau d'election, Apoſtre des Gentils,
Loup premier, puis Aigneau, entendez ma com-
          plainte
Et preſentez pour moy voſtre priere Saincte,
Deuant l'Eternel Pere, & deuant ſon doux fils.

Sancte Andrea

Bien-heureux Sainct André, grand Martyr, grãd
          Apoſtre,   (ſtre
Ieſus mourut en Croix (voſtre maiſtre & le no-
Et plein de ſon amour, y vouluſtes mourir:
Preſtez-moy voſtre main, & qu'é bien ie trauaille,
Sans ayde ie ne puis faire aucun bien qui vaille:
Donc pour l'amour de Dieu venez me ſecourir.

Sancte Iohannes Euangeliſta.

O bien-heureux Sainct Iean, de Ieſus les delices,
Flechiſſez à mes vœux ſes oreilles propices,
Pour entendre benin ma deuote oraiſon:
Voyez que ie ne ſuis rien que bourbe, que lie,

Mon ame miserable est de pechez remplie;
Priez-le de m'oster toute cette poison.

Omnes Sancti & Apost. & Euangeliste.

O de mon doux Iesus tous les sacrez Apostres,
Ie sçay qu'il vous cherit, & qu'aux prieres vostres
Il calme son courroux. Puis donc qu'il est ainsi
Liberal, qu'il vous donne vne telle puissance,
Deliurez-moy de mal & de toute souffrance,
Et veillez asseurez mon pauure cœur transi.

Sancte Stephane.

O modele d'amour, bien-heureux Sainct Estiéne,
Le premier des Martyrs pour nostre foy Chre-
    stienne:
Aidez-moy ie vous prie a porter mon labeur.
Dieu vous a tant aimé qu'au plus fort du martyre
Il vous ouurit les huits de son celeste empire,
Auquel veistes des-lors regner le Redempteur.

Sancte Laurenti..

O martyr S. Laurens, ô luicteur inuincible!
Ores vous jouïssez d'vn plaisir indicible,
Plaisir qui n'est donné qu'aux seruiteurs de Dieu
Bon sainct, r'enforcez-moy de force vertueuse,
Afin que ma pauure Ame, ores trop malheureuse,
Ne perde pas les fruicts qu'elle attend de ce lieu.

Sancte Vincenti.   (mes,

O vaillant S. Vincent, braue entre tous gendar-
Qui auez tousiours prins pour Iesus-Christ les
    armes,
Le preschant en tous lieux sans jamais l'auoir teu:
O bien-heureux soldat, aidez-moy de vostre aide,
Qui me peut garentir de ceste parque laide,
Et que ne sois par elle en Enfer abatu.

Omnes Sancti Martires. (courage,

O vous tous sainɛts Martyrs , qui d'vn vaillant
Pour l'amour de Iesus, à l'orgueilleuse rage
Des Barbares tyrans auez liuré vos corps:
Deliurez-moy, bons Sainɛts, de la prison obscure
Du peché qui me tient soubs sa noire torture,
O Martyrs, guerissez mes sens a demy morts.

Sancte Martine.

O Pasteur S. Martin, ô belle ame Angelique,
L'exemple, le miroir de tout vray Catholique,
La perle, & le guidon de tous nos sainɛts Prelats,
Deuot ie vous supplie à Dieu faire priere
Pour lauer mes pechez & bannir ma misere,
Qua Satan ne me puisse accrocher dans ses laqs.

Sancte Nicola.

O bon Sainɛt Nicolas, homme du tout fidele,
Qui brillez dãs les Cieux cõme vne ardãte estoile,
Dieu faisant cest honneur à vostre saincteté:
Faites quauceques vous mon ame ainsi reluise,
Et que ie sois pieux, autant & sans feintise,
Comme vous estes grand en vostre dignité.

Omnes Sancti Confessores.

O sacrez Confesseurs, tous ie vous prie ensẽble,
Ayez pitié de moy, de crainte mon cœur tremble
D'auoir offencé Dieu que ie deuois aimer:
Vous estes protecteurs de la Loy souueraine,
Ie tasche à vous suiuir auec beaucoup de peine,
Et si vous ne m'aidez ie suis prest d'abysmer.

Sancta Maria Magdalena.

O Sainɛt cœur penitant, ô belle Magdeleine,
Des richesses des Cieux vous estes toute pleine,
Ie me presente à vous, vueillez me secourir:

Intercedez pour moy, & me guidez vous-mefme
Deuãt le Throfne fainct de Iefus, Dieu fupresme,
Que vous auez icy ferui iufqu'au mourir.

Sancta Agnes.

O belle fainéte Agnes, ô Vierge glorieufe.
Efprit refplandiffant, perle tres-precieufe,
Flechifféz le courroux de noftre Redempteur:
Ie n'ofe le prier, mon Ame eft trop foüillée:
Mais vous qui par les fers auez efté purgée
Dans voftre fang pour luy, vous le priez fans peur.

Sancta Catherina.

Efpoufe de Iefus, Benoifte Catherine,
Martyre bien-heureufe, ame toute diuine,
Efprit vrayement fçauant pour deffendre la foy:
Prefentez deuant Dieu ma deuote requefte,
Helas! ou faudra-il que mon falut ie quefte,
Si mon Sauueur Iefus fe retire de moy?

Omnes Sancta Virgines. (dentes,

O Sacré-Sainct troupeau, Vierges toutes pru-
Deuant vos pieds diuins mes actions mefchantes
I'efpanche de bon cœur: car deuant voftre Efpoux
(Me voyant defchargé) vous guiderez mon Ame
Le priant, s'il vous plaift, la fauuer de la flamme,
Quand le grand iour fera de fon iufte courroux.

Propitius efto par ce nobis Domine.

O Sauueur Iefus-Chrift, l'efperance m'incite
Vous demander pardon par le facré merite
De ces tres-heureux Saincts, qui tous pour vous
font morts:
Oftez, bon Redempteur, oftez toute foüillure,
Et de l'Ame & du corps lauez toute l'ordure,
Qui me tient embourbé & dedans & dehors.

Donnez-moy ie vous prie, ô mon Dieu voſtre
    grace;
Cependant que ie ſuis ſur ceſte terre baſſe:
Donnez remiſſion au pauure penitent,
Dônez-moi voſtre gloire apres la derniere heure,
Que i'auray delaiſſé cette vaine demeure,
Pour me rendre à iamais heureuſement content.
    Et a tous ceux auſſi qui ont eu le Bapteſme
En vous qui eſtes Sainct & la ſainĉteté meſme,
Qui ſeroient de la grace au peché trébuchez:
O, Seigneur, donnez-leur ſi bonne repentance
Que, s'allans confeſſer, ils facent penitence,
Car c'eſt le ſeul moyen d'effacer les pechez

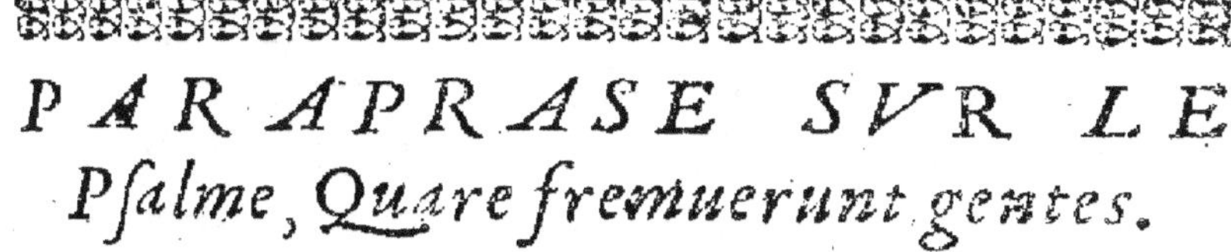

PARAPRASE SVR LE
Pſalme, *Quare fremuerunt gentes.*

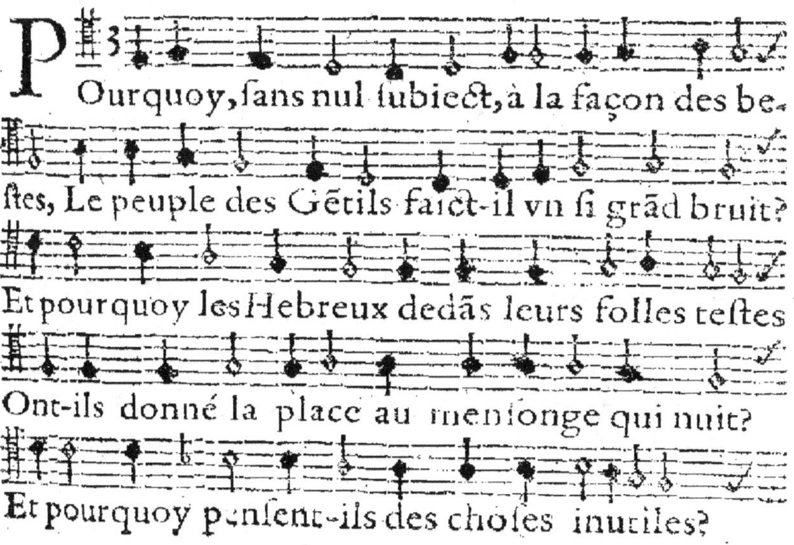

Lors qu'ils sont asséblez pour tenir leurs Cóciles

Contre le Roy du Ciel les Roys de cette terre
Et Herode & Pilate ont dressé leurs desseins,
A ce Dieu tout puissant veulent faire la guerre,
Caiphe & Anne chefs dessus les Prestres Saincts
Ensemble ont conuenu d'vne pensée inique,
Pour ne plus estimer Dieu, ny son fils vnique.

Disans chascun de nous a tousiours esté libre,
Iamais sur nostre col aucun ioug n'a passé,
Nous voulons tout ainsi maintenant encor viure
Comme chacun de nous viuoit au temps passé
Desrompons en morceaux les liens Catholiques,
Et secoüons le ioug des loix Euangeliques.

Mais ou sont vos esprits, pauures ames perdues
Que ne cognoissez-vo° l'horreur de vostre erreur
Ne voyez-vous celuy qui habite les nues?
Qui de vostre superbe a iustement horreur?
Le pere irritera vos iniques pensées,
Et le fils en fera des prophanes risées.

Ores Dieu est bié doux, mais au iour de colere
Qu'il viendra pour iuger les morts & les viuans,
Aux Iuifs il parlera d'vne voix si seuere,
Qu'ils se repentiront d'auoir esté meschans,
Et voudroient, s'il estoit alors en leur puissance,
Racheter leurs pechez par dure penitence.

Et moy (dit Iesus-Christ) que la voix paternelle,
Par le droit d'heriter, a constitué Roy
Sur la belle Sion mon espouse eternelle,
Pour prescher aux humains les arrests de sa Loy,
Ie m'en acquiteray, ainsi qu'vn fils doit faire

De tous les mandemẽs que luy enioient ſon pere,
   Le Seigneur immortel de toute creature
Ma tenu ces propos, vous eſtes mon vray fils,
Ma ſubſtance eſt la voſtre, & de meſme nature,
Eternelle, & ſans temps, vous eſtes que ie ſuis:
I'ay produit auiourd'huy voſtre nature humaine
Pour tirer les Humains de la mer de leur peine.
   Demandez-moy mon fils pour l'amour du mar-
Que vous endurerez, ie vous dõneray tout   (tyre
Le regne des Gentils, ie feray voſtre Empire
De la terre embraſſer, & l'vn & l'autre bout,
Afin que delaiſſant toute l'erreur Payenne,
Chacun, d'vn zele ſainct, prẽne la Loy Chreſtiẽne.
   Ceux-la qui ne voudront croire voſtre doctrine
Vous lancerez ſur eux, iuſtement irrités
Les coups appeſantis de la verge diuine,
Qui a dans les Enfers le diable deietté:
Rompre tout leur orgueil vous eſt autant facile,
Que facile il vous eſt rompre vn vaſe d'argile.
   Et-bien, Rois qui roulez dedans voſtre penſée
Que iamais rien ne peut brider voſtre deſſein,
Entendez la Grandeur de cil qui renuerſe
Aura voſtre penſée en moins d'vn tourne-main:
Vous auſſi qui iugez les hommes en ce Monde,
Craignez Dieu, Iugé & Roy de la machine rõdé.
   Seruir au Souuerain, qui toute choſe a faicte,
Le craindre, comme vn fils doit faire, & le ſeruir,
C'eſt iuſtement regner en puiſſance parfaitte:
Plus, c'eſt voſtre deuoir de bon cœur le ſuiuir,
En luy vous reſiouïr en toute reuerence,
Sans rien y meſlanger d'inciuil, d'inſolence.
   Receuez, embraſſez la doctrine ſacrée.

K

Du fils de l'Eternel, de peur que promptement
Le pere qui s'assied dessus la voute astrée,
Ne vous face punir d'vn eternel tourment.
Pour auoir negligé de marcher par la voye,
Qui, droite, conduit l'homme a l'eternelle ioye;
  Lors qu'il s'echauffera pour prendre la vegeãce,
Au iour du iugement, iustement coleré,
Contre le noir peché, contre la negligence,
Ceux seront bien-heureux qui l'auront adoré,
Et qui, iustes, auront en celuy leur attente,
Qui, pour nous, a souffert vne mort violente.

SVR LE MESPRIS DV Monde, pour iouir de Dieu.

L'on ne peut gouster Dieu sans haïr ces bas lieux;
Tous voudroient bien joüir du Seigneur de nos estres:
Mais peu tiennent le train qui soyent deuotieux.

De quitter les plaisirs des richesses terrestres.
  Nous voulons contenter nostre hôme interieur,
Et a nos appetits ensemble satisfaire:
Mais si nous voulons estre amis du Redempteur,
Nos desirs sensuels il faut ietter arriere.
  De ce monde pipeur il nous fault deliurer,
Si nous voulons iouïr de la bonté diuine.
Les fols Samaritains s'allerent enyurer
Du culte des faux-dieux qui les mist en ruine.
  Nous ne pouuons aimer Dieu d'vn amour par-
                      faict,
Ny le craindre non-plus d'vne amour filiale,
Si nous idolatrons apres le vice infect:
Aimer deux amoureux, l'amour n'est pas loyalle.
  Voyez-vous pas Iacob lequel commande aux
D'exterminer du tout les idoles muettes,   (siens
Pour exhiber l'honneur au grand Dieu des Chre-
            stiens   (tes.
De cœur, de corps, d'esprit, d'ames purement net-
  Iesus-Christ & Satan ne sont jamais d'accord,
Le pur & l'impur n'ont rien de commun ensēble:
Bon & mal ne surgit iamais à mesme port:
Le Ciel auec l'enfer en nul temps ne s'assemble.
  Ostez premierement du profond de vos cœurs
L'amour du Monde vain, si vous auez enuie
D'y loger l'amitié du Seigneur des Seigneurs,
Qui vous a tout donné, biens, corps, esprit, & vie.
  Si nous voulons iouïr du Royaume des Cieux,
Il nous faut delaisser les amours sensuelles:
Ainsi pour regarder le Soleil radieux
Il faut tourner le dos aux ombres corporelles,
  La consolation de nos biens temporels

Est vaine & transitoire,& à l'Ame inutile,
Puis-qu'elle nous forclost des plaisirs eternels,
Nous iettant es prisons de l'infernale ville.

Il ne faut cercher Dieu dans les iardins plaisã
Dans les boccages verds,dãs les plaisirs du mõde
Puis-que Moise sainct dans les buissons ardans
Trouua le Createur de la Machine-ronde.

Parce que les mondains le cerchent,aueuglez
Au milieu des plaisirs,des douceurs,des delices,
Ils ne meritent pas voir ses yeux estoillez,
Ny ioüir des douceurs des diuins benefices.

Fuyez-donc,ô mortels,la delectation,
Qui procede du monde,& de sa vaine ioye
Et Dieu vous donnera la grand possession
Du Royaume des Cieux , c'est la plus seure voye

Dieu ne permist iamais que l'Arche auec Dagõ
Eussent vn mesme Autel: Et bien que l'Idolatre
S'efforçast du contraire, en son ambition,
La puissance de Dieu la luy fist bien rabattre.

Dieu ne veut que l'idole,& pourtrait du peché
Lequel vous adorez, se vante d'auoir place
Dans le cœur du mortel, ou se void attaché
L'Image tous-iours sainct de sa Diuine grace.

Il ne consentira que le monde auec luy
S'adore comme luy:Que s'il vous prend enuie
D'aimer le Createur,il faut des auiourd'huy
Haïr l'ambition de cette humaine vie.

En Egypte iamais Moyse ne veid Dieu:
Ne pensez-pas aussi,en ces tenebres sombres,
Le voir,ny en ioüir:Mais renoncez au lieu
Ou Pharõ fait seiour, car Dieu hait telles ombres.

Tandis que vous aurez du pain Egyptien,

Vous ne pouuez gouſtez la celeſte viande:
Vuidez voſtre eſtomach du viure terrien,
Puis vous en gouſterez: c'eſt ce que Dieu demãde.

Meſpriſez de bon cœur ce qui eſt d'icy-bas,
Pour guinder vos eſprits ſur les voutes lucides:
Car des plaiſirs du Ciel vous ne ioüirez pas,
Si vous ne banniſſez les vices parricides.

Nul n'eſt aymé ça-bas du monde deceueur,
Qu'il ne ſoit en horreur au Sauueur de Nature:
Et nul homme icy-bas n'eſt aymé du Sauueur,
S'il n'abhorre le Monde, & toute ſon ordure.

Vous ne pouuez aymer le Ciel parfaiĉtement
Si vous ne m'eſpriſez & le Mõde & vous-meſme:
Car ſi ne reiettez l'humain contentement,
Iamais ne paruiendrez au Ciel, & lieu ſupreſme.

SVPER FLVMINA
Babilonis. Pſal. 137.

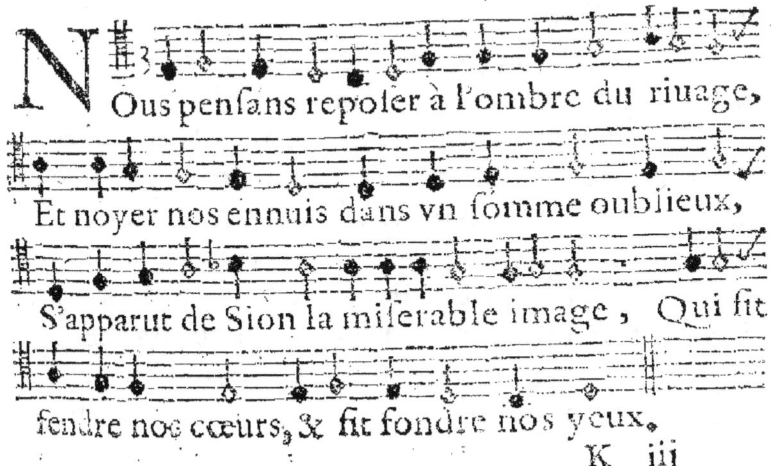

K iij

De nos cœurs les sanglots si dru se souslleuerent,
Que l'air se troubla tout au cry de nos douleurs,
De nos yeux si grands flots de larmes decoulerêt,
Que l'Euphrate s'êsla des ruisseaux de nos pleurs.
   Nos pauures luths muets penduz à la ramée
Des saules pasles verds, combattuz de zephirs,
Lisans tant de tristesse en nos cœurs imprimée,
D'vn lāgoureux murmure imitoyent nos souspirs.
   Lors ceux qui cōduisoyêt ceste trouppe captiue,
Recerchans leur plaisir en nostre affliction,
Nous pressoyêt de cesser ceste clameur plaintiue,
Et les hymnes chanter de la saincte Sion.
   Entōnez-disoient-ils, ces chansons triōphantes,
Qu'on oyoit en Sion retentir autrefois,
Quand Sion surmontoit les Citez fleurissantes,
D'autant qu'vn pin sacré surpasse vn ieune bois.
   Helas! leur dismes-nous, seroit-il bien possible,
Qu'il sortist des chansons de nos cœurs si serrez?
Banniz hors de Sion, nous seroit-il loisible
De profaner icy nos Cantiques sacrez?
   O Sion, si iamais tellement ie t'oublie,
Que puisse-ie aussi tost moy-mesme moublier,
Et mes doigs engourdis ne puissent de ma vie
Mon Luth infortuné à ma voix allier.
   Ma langue à mon palais tienne toute sechée,
Sans pouuoir desormais vn seul mot prononcer,
Si iamais d'autre soin on la trouue empeschée,
Que de loüer ton nom, & par tout l'annoncer.
   Tout plaisir pour iamais de mon ame s'estrange
Si iamais en mon ame il entre autre plaisir,
Que de Hierusalem celebrer la loüange:
La commence & finit mon plus ardent desir.

Mais las ! souuenez-vous, Seigneur de la lignée
D'Edó, qui pour voisins nous engendra des loups:
Seigneur, souuenez-vous de l'horrible iournée
Qu'ils vomirent cruels , leur rage dessus nous.

Souuenez vous de ceux dont la voix effroyable
Crioyt pour s'animer, frappez & meurtrissez:
Sappez les fondemens, & que la ruine accable
Ceux que l'impetüeux glaiue a ia renuersez.

O fiere Babilon, ô cruelle Tygresse ,
Tu auras à ton tour le mal qu'as merité,
Heureux trois fois celuy, dont la main vengeresse
Te rendra les tourmens que tu nous as presté.

Heureux qui arrachant de ta seche mamelle
Tes enfans nouueaux-nez, aux murs les froissera:
Et qui pour espächer par grumeaux leur ceruelle,
Contre le roc sanglant leur teste escrasera.

QVE RIEN NE NOVS
est plus asseuré que la mort.

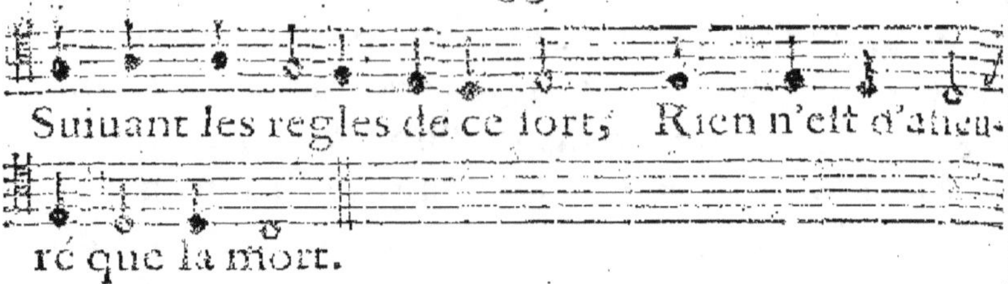

ré que la mort.

L'humide nuict pourfuit les iours,
Les iours pourfuiuént les tenebres,
Le defdain pourfuit les amours,
Et le plaifir les chants funebres:
Tellement que fuiuant ce fort,
Rien n'eft d'affeuré que la mort.

Les, iours, les heures, les moments,
Qui font en toute noftre vie,
Ne feruent que d'auancemens
Pour la rendre pluftoft finie:
Tellement que fuiuant ce fort,
Rien n'eft d'affeuré que la mort.

Les Princes & les plus grands Rois,
Non plus que le refte des hommes,
Ne font point exemps de fes loix
Ains font mortels comme nous fommes:
Tellement que fuiuant ce fort,
Chacun va courant à la mort.

SVR LE MESPRIS DES
mondanitez.

A Dieu Monde, adieu le bon temps,

Adieu

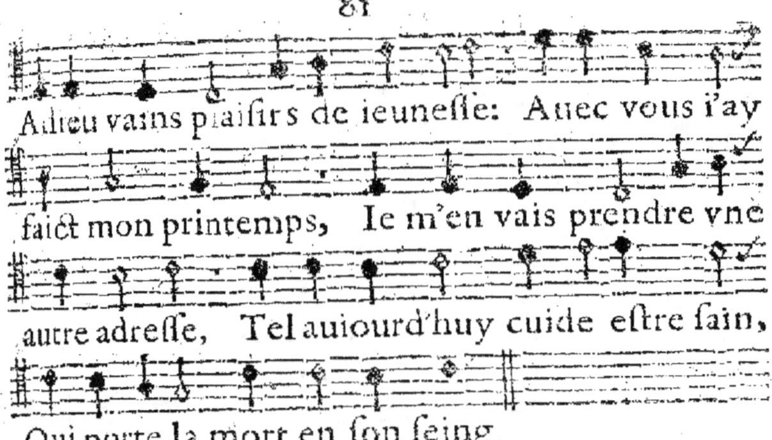

Qui porte la mort en son seing.

C'est bien s'abuser follement,
Que passer sa vie en delices,
Il n'y a nul contentement
A sucer le sucre des vices:
Tel pense estre auiourd'huy bien sain,
Que l'on l'enterrera demain.
Que sert-il de viure long-temps
Riche, noble, puissant & sage,
Si l'Ame au partir de ceans
N'a que malheur pour son partage?
Fay auiourd'huy bien ton deuoir,
Peut-estre tu mourras ce soir.
La chair n'est que pasture aux vers,
Que puanteur, que pourriture:
Quoy que les hommes soyent diuers,
Tout s'égalle à la sepulture,
Tel auiourd'huy cuide estre sain,
Qui porte la mort en son sein.
Les vertus sont en nostre main,
Dieu sa grace y met, nous la peine.
Fault-il perdre vn bien souuerain

Pour vne vanité mondaine?
Tel pense estre auiourd'huy bien sain,
Que l'on l'enterrera demain.

Les Rosiers sont bien espineux,
Mais ils portent de belles roses:
Et soubs l'exercice peneux
Les belles vertus sont encloses.
Fay auiourd'huy bien ton deuoir,
Peut-estre tu moürras ce-soir.

L'an-Iubilé approche fort,
Fault r'entrer en mon heritage,
Fault me preparer à la mort,
Car qui n'y pense n'est pas sage.
Tel auiourd'huy se trouue sain,
Que lon enterrera demain.

LES SIGNES DV
Iugement.

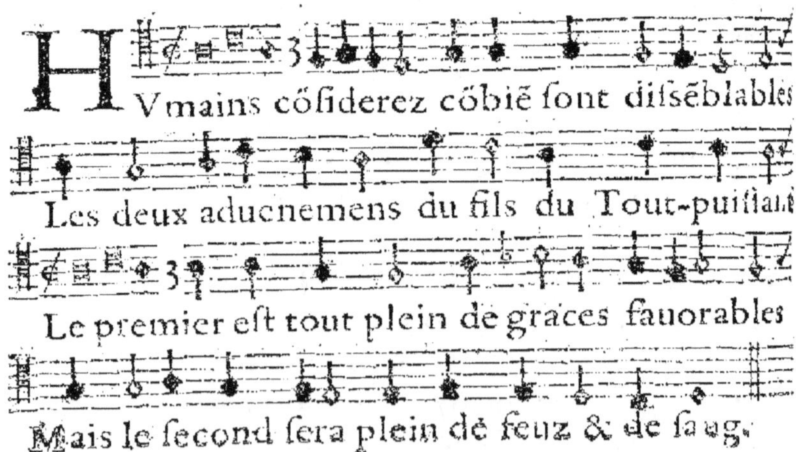

Celuy qui d'vne Vierge icy bas voulut naiſtre
Sauueur doux & benin plein d'amour & de paix
Plein de fureur vn iour ſe fera recognoiſtre
Quand il viendra iuger les bons & les mauuais.
 O iour plein de frayeur ! ô iour eſpouuantable!
Iour plein de deſeſpoir & deſolation!
Helas! que deuiendra le pecheur miſerable?
Puis-que le iuſte a peine aura ſaluation.
 Penſant à ce grãd iour, le poil me dreſſe en teſte,
Et ſens tous mes eſprits ſurpris d'eſtonnemẽt:
Il me ſemble touſiours que i'entens la trompette,
Qui dit leuez-vous morts venez au Iugement.
 Iour d'ire & de fureur que les Sainɛts & les An-
    ges,
Qui nous ſoulloyent garder côtre nous s'armerõt:
Par le monde on verra mille ſignes eſtranges,
Ceux voudroyent eſtre morts, qui encores viurõt,
 La lueur du Soleil ſe verra toute eſteinte,
Et ſes triſtes rayons n'auront plus de clarté:
Ainſi comme de ſang la lune ſera teinte,
Et l'air ſera couuert de noire obſcurité.
 Ces beaux Aſtres luiſans ſes eſtoilles brillantes,
Côme eſclairs on voirra tõber du haut des Cieux:
Comme buiſſons ardans d'eſpines petillantes,
Lon voirra craqueter la tempeſte en tous lieux,
 La mer iuſques au Ciel éleuera ſes ondes,
Et de ſes bruyans flots fera d'horribles ſons:
Et la terre ouurira ſes entrailles profondes,
Aſſez pour englouttir la mer & les poiſſons.
 Les pierres & rochers, les arbres & les plantes,
Monſtrans qu'en leur ſubſtance ils ſouffrẽt paſſiõ,
Lon verra reſuder milles gouttes ſanglantes:

Presage tres-certain de leur subuersion.
  Les Elemens confus s'entreferont la guerre,
Et le premier Chaos au monde reuiendra:
L'air sera tenebreux, entr'ouuerte la terre,
La mer voudra monter, & le feu descendra.
  Les plus hardis voudroyent que les hautes mõ-
            tagnes
Vouluslent les cacher pour ne voir tant de maux
Mais tous les monts serõt applanis en campagnes,
Et seront egalez & les monts & les vaux.
  Comme des insensez agitez de manie.
On verra les humains chanceler par les champs,
Sans plus se soucier des biens de cette vie,
De cauerne en cauerne iront repos cerchant.
  Les Tigres des forests viendrõt, tout au cõtraire
Craintifs, & sans fureur, en refuge aux Citez:
Tant de grands trẽblemẽs du foudroyant tõnerre,
Et des esclairs frequens seront espouuantez.
  Ces signes recogneuz viendra le Fils de l'hõme
Seuere, se venger de tous ses ennemis:
C'est deuant luy qu'il faut rendre la iuste somme
Des enormes forfaicts que nous aurons commis.
  Nous verrons par estat, comme dedens vn liure,
Le nõbre des pechez, las! que nous aurons faicts,
Deuant tous seront mis au clair & au deliure
Le tẽps l'heure & le iour, de nos tristes meffects,
  Sur tous les precedens le plus notable signe,
Que nous verrons au Ciel sera la saincte Croix,
Ou nostre redempteur (pour nous son peuple in-
            digne)
Respandit tout son sang goutte à goutte vne fois.
  Reproche il nous fera de nostre ingratitude,

Que pofpofant fa gloire a nous, pauures humains:
Nous-mefmes, qu'il venoit ofter de feruitude,
L'auons dans cette Croix attaché pieds & mains.
  Et alors on verra deuant luy fe refpandre
Vn grand fleuue de feu, qui tout confommera:
Ville maifons chafteaux, feront reduits en cendre,
Hommes beftes, oyfeaux, rien ne s'en fauuera,
  Helas! il nous faudra tous paffer par la flamme,
Afin d'eftre efprouuez par ce feu chalereux:
Puis dans ce mefme corps retournera noftre Ame,
Pour eftre a tout-iamais heureux, ou malheureux.
  O mille fois heureux, heureux l'homme fidele,
Que ce juge fçaura fort bien recompenfer;
Mais celuy qui fera mefchant & infidele
Que peut-il efperer ie vous laiffe à penfer.
  Quels grincements de dents ! qu'elles clameurs
          hurlantes!
Quels douloureux regrets, de ces pauures dãnez!
De languir à iamais dans les flammes bruflantes!
Las! il leur vaudroit mieux n'auoir onqu'efté nez.
  Helas pauures humains, nos fautes deteftables
Ne nous promettent rien que la damnation:
Mais recourons à Dieu par œuures charitables,
Luy faifant de nos cœurs entiere oblation.
  Ayons de nos pechez amere repentance,
Confeffons nos erreurs, & en crions mercy:
Produifons de bons fruicts dignes de penitence,
Car Dieu nous fauuera fi nous faifons ainfi.

                    L iij

DE LA VIE, ET DE LA
mort, par *Mr. Matthieu,*
Tous les quatrains duquel, & plusieurs
autres peuuent estre chantez
sur cet Air.

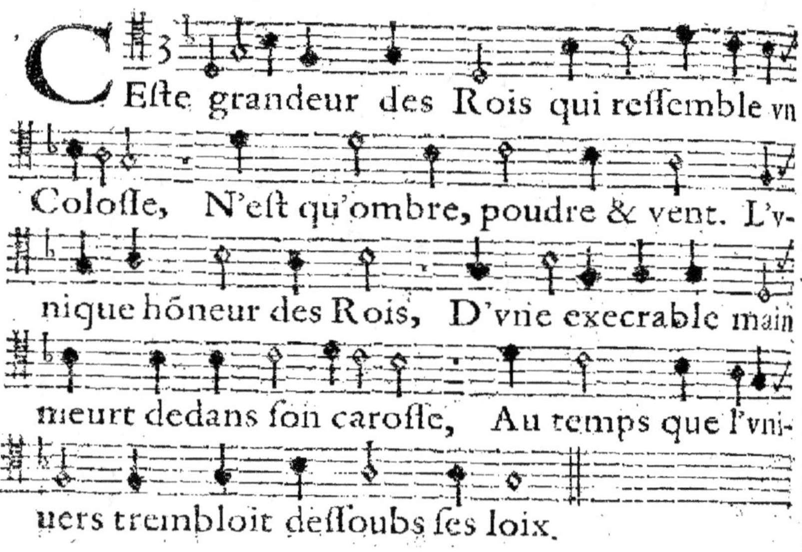

Hier tout en trióphe, auiourd'huy chacun pleure,
La beauté du matin n'a duré iusqu'au soir: (re
On a veu vif & mort ce prince en moins d'vne heu
Ayant beu le hanap de la mort sans le voir.

En ce monde tout bransle, il n'y a rien de ferme,
C'est vne mer qui n'a seurté, calme ny port:
Les Empires les Loix, les villes ont leur terme,
Tout ce qui prend naissance est suiect à la mort.

Le tẽps va cõme vent,cõme vn torrent il coule,
Il passe & rien ne peut l'empescher de courir:
Qui sçait cõbien de maux en vn momẽt il roulle,
Croid que cesser de viure est cesser de mourir.
    On meurt le mesme iour que l'on commence a
       naistre
On s'oblige au n'aufrage entrant en ce bateau:
Naistre & mourir n'est qu'vn, l'estre n'est qu'vn
       non estre
Il n'y a qu'vn souspir de la table au tombeau.
    La vie est vn esclair,vne fable vn mensonge,
Le souffle d'vn enfant vne peinture en l'eau:
Le songe d'vn qui veille, & l'õbre encor d'vn sõge,
Qui de vaines vapeurs luy broüille le cerueau.
    Ceste vie aux eschets proprement se rapporte:
Autant de place y tient le pion que les Rois.
L'vn saute,l'autre court, l'vn surprend l'autre em-
      porte,
Les nõs sont distinguez, & tout n'est que du bois.
    Ces noms qui font que l'vn se plaint, & l'autre
      braue,
Noms trouuez par l'iniure,ou par l'ambition,
Sont égaux à la mort,le Comite & l'esclaue
N'ont dessus son estat point de distinction.
    Iamais des mains d'vn grãd le petit ne s'eschappe,
C'est vn rat qui se ioüe aupres du chat qui dort,
Qui le laisse courir,puis tout d'vn coup l'attrappe,
Et ses caresses sont les signes de la mort.
    Par tout la vanité du monde se descouure,
Ie plains ces beaux esprits charmez de son amour,
Elle se cache au temple,elle se mõstre au Leuure,
Et pour la bien cognoistre il faut suiure la Cour.

Soubs les respects humains l'impieté se couure,
La terre a plus de prix que le Ciel parmy nous,
Au nom de Iesus-Christ a peine on se découure,
Quand on parle des Rois on flechit les genoux.
  Du desordre vient l'ordre, & les Loix sont sorties
Des exces & abus. Si chacun viuoit bien
On verroit les palais sans Iuge & sans parties,
L'on n'y entedroit plus ces deux mots, miẽ, & tiẽ
  Les biens sont de grãds maux à celuy qui n'ẽ vse
Le chiche les acquiert, le prodigue les perd.
Le méchant pour descendre en enfer, en abuse,
Et pour monter au Ciel l'homme de bien s'en sert.
  Pour qui reserue-tu le fruict de tes fatigues?
Que seruent les thresors l'vn sur l'autre entassez?
En vn iour on verra les heritiers prodigues
Dissiper tant de biens, en cent ans amassez.

Ceux qui en voudront dauantage voyent les
Tablettes de Mr. Matthieu.

A LA LOVANGE
de la Virginité.

De la

C'est vn ioyau donné des Cieux
Pour decorer l'Ame immortelle:
C'est le plaisir delicieux
De la Saincte trouppe eternelle.
L'Image de Diuinité
Reluist en la Virgintté.

Quand nos premiers parens iadis
Viuoyent en estat d'innocence
Dans le terrestre Paradis,
Ils estoyent sans concupiscence
Conseruant leur Virginité
Gage de leur felicité.

Sans corrompre Virginité
Du corps d'Adam Eue fut faitte.
Ainsi Iesus humanité
Prist de la Vierge pure & nette
Pour monstrer que Virginité
Plaisoit à la Diuinité.

Gabriel du Ciel apporta
A ceste Vierge la nouuelle,
Et le salut luy presenta
De paix & de vie eternelle:
Vierge conceut, Vierge enfanta,
Vierge son cher fils allaicta.

I'admire cet œuure tres-beau,
Où le Createur de Nature
Tout ainsi qu'vn Espoux nouueau
Vint espouser sa creature:
Ce fut le Fils du Tout-puissant

M

Qui fut l'Espoux, & fut enfant.
La chasteté plaist tant à Dieu
Qu'au Ciel iamais on ne marie,
Les Ames en ce sacré lieu
Viuent d'vne tres-chaste vie.
Les Esprits saincts & glorieux
Ressemblent aux Anges des Cieux.

RESIOVISSANSE SVR
la venue de Iesus-Christ.

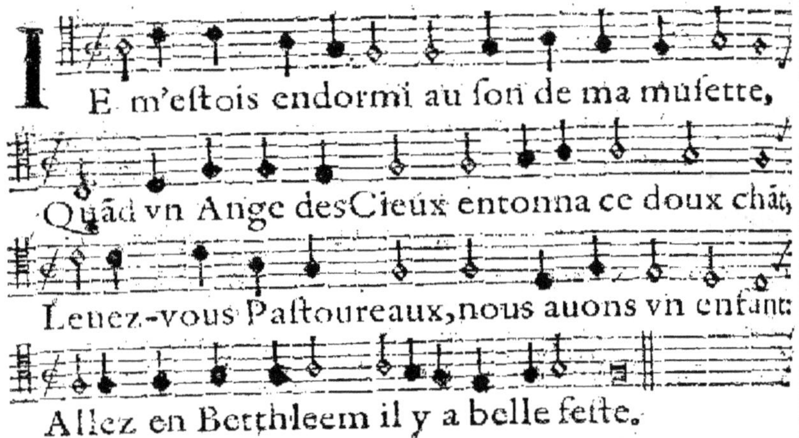

Reprise que l'on pourra chanter à 4. parties, ou simplement apres chasque couplet.

SVPERIVS.

CONTRATENOR,

TENOR,

BASSVS,

Eueillez-vous enfans, voiçy bonne nouuelle,
Le Sauueur des Humains nous eft nay cefte nuit,
Courez en Betthleem vous voirez le petit,
Il eft entre les bras d'vne mere pucelle.

Apres ie fu rauy & de ioye & de crainte
Oyant à grands miliers Anges chanter aux Cieux
Gloire à Dieu tout-puiffant, & la paix es bas lieux

M ij

Aux hommes qui seront d'vne volonté saincte.
Nous veiſmes biē marcher bergers par la prairie,
Ils couroyent,ils trottoiēt, & s'etra'ppeloiēt tous
Allons,marchons enfans,helas! que faitez-vous?
Viſitons cet enfant qui apporte la vie.

Rāgeons-nous tous au lieu,ou ſe faict l'aſſēblee,
Et ou nous ſommes tous auiourd'huy conuiez,
Nous verrons ce grand Roy qui nous a tāt aimez
Qu'il eſt venu cercher ſa brebis égarée.

Ou eſtes-vous mondains,aueuglez en malices?
Helas!ou courrez-vous? arreſtez-vous vn peu:
Venez voir ce grādRoy,venez voir ce grād Dieu,
Qui eſt venu expres pour combattre les vices.

Vous-vo⁹ égarez tous,ceſte voye n'eſt certaine,
Tout le monde s'y pert,vous eſtes abuſez:
Accourez,accourez hommes mondaniſez,
Vous verrez que Ieſus n'ayme la vie mondaine.

Si ce Dauphin desCieux euſt fait eſtat du Mōde,
Il ꝑ fuſt deſcendu comme Roy triomphant:
Venez le voir tout nud,humble comme vn enfant
Qui condamne l'orgueil en l'abyſme profonde.

Si par vn Sainct deſir nous deteſtons le vice
Pour aymer Ieſus-Chriſt noſtre doux Redēpteur,
Fuyons les vanitez de ce monde trompeur,
Dieu nous ſera en fin doux,benin & propice.

Oſtons tous ces abus & libertez mondaines,
Qui ont touſiours perdu la pluſpart des humains,
Voicy venir Ieſus au milieu des mondains,
Pour condamner l'abus des vanitez trop vaines.

Ne refuſons dōc point l'offre qu'il nous preſēte
De nous faire heritiers du Royaume des Cieux:
Prions-le qu'il nous ſoit miſericordieux,
Et qu'en luy ſeulement ſoit toute noſtre attente.

NOEL NOVVEAV. 1620.

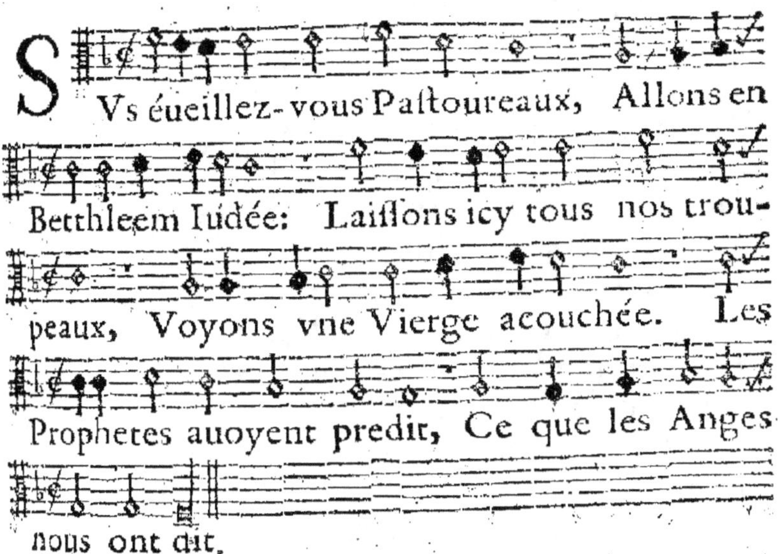

Choiſiſſons nos meilleurs aigneaux
De toute noſtre bergerie:
Et accordons nos chalumeaux,
Pour faire vne bonne armonie
Afin de réſioüir l'enfant
En luy faiſant noſtre preſent.
  Apreſtez-vous donc compagnons,
Et marchons en bon equipage
Ceux qui ont la mule aux talons
Se tiendront auec le bagage.
Les plus huppez iront deuant
Saluër le petit Enfant.
  Prenons nos habits les plus beaux

Pour mieux solenniser la feste:
N'oubliez vos riches houseaux
Et que chacun bien tost s'appreste.
Presentons-nous en bon arroy
Pour saluër le noueau Roy.

Escoutte Georget noublie pas
Apporter ta bonne vielle:
Ie sçay bien que tu gaigneras
Des doubles plain' vne escuelle.
Car tous ceux qui voudront dancer
Ne faudra lés en refuser.

Ne veux-tu pas venir vaurien,
Et apporter ta grand flageolle?
Et toy mon grand museau de chien
Tu sonneras de ta pibolle.
Allons viste & ne tardons plus
Saluër le petit Iesus.

Quand nous serons l'a arriuez
Tenons assez bonnes grimaces.
Ne faisons point les estonnez
D'ecouurons nos belles foüaces
Chacun dira, & diront vray
Sont les enfans de Chantenay.

Les Anges ont dit que l'enfant
n'est pas nay en l'ostelerie,
Mais sur du foin bien pauurement
Auprès de sa mere Marie.
C'est-là ou il le faut cercher
Si nous desirons le trouuer.
Auparauant que d'y entrer
Il luy faut donner vne aubade
Ayons soin de bien accorder

Nos turlureaux prenons y garde.
Si nos fluttes ne disoyent bien
Mieux nous vaudroit ne dire rien.

Sus à genoux ioignons les mains,
Ie voy l'enfant bonne nouuelle!
Ie voy le Sauueur des Humains
Entre les bras d'vne pucelle.
O Iesus mon tres-doux Sauueur,
Ie vous presente tout mon cœur.

O que mon cœur est resioüy
Resioüissons-nous ie vous prie:
Ostons tout chagrin & ennuy,
Nous auons l'Autheur de la vie:
Ne craignons la mort desormais,
Car elle est morte à tout iamais.

Ainsi transporté que ie suis,
& d'aise & de resioüissance,
Il me semble estre en Paradis,
Et des Cieux auoir ioüissance:
Ie voudrois ô Iesus mon Dieu,
Auec vous mourir en ce lieu!

Comme subiects, tres-humblement,
Sommes venus vous recognoistre,
Foy & hommage vous offrant,
Comme nostre souuerain Maistre.
Deffendez de tous ennemis
Les pelerins de Paradis.

Et ayez, ô Roy Souuerain,
Nos petits presens agreables,
Afin que n'esperons en vain
Vos faueurs sur tout desirables
Pour resister aux ennemis

Des pelerins de Paradis.

    Puis-qu'estes venu nous cercher
Iufqu'en cette pauure vallée,
Ie vous fupply de m'enroller
En voftre fainéte compagnée,
Pour combattre les ennemis
Des pelerins de Paradis.

    Le ferment i'ay defia presté,
En receuant le fainét Baptefme,
De vous garder fidelité,
M'eftant confirmé par le Crefme,
Pour refifter aux ennemis
Des pelerins de Paradis.

    Ceux qui feront bien refolus,
Et zelez à voftre feruice,
Seront tous les ttes-bien venus
Pour combattre contre le vice.
O monde ie ne fuis plus tien,
Car tu es traiftre & ne vaux-rien.

    Vous ne voulez ces bien frizez
Ils ne font pas naiz pour la guerre,
Car ils font trop effeminez,
Et trop amateurs de la terre
Pour refifter aux ennemis
Des pelerins de Paradis.

    Vous ne receurez ces Rollans,
Ces grands aualleurs de montagnes,
Ils font creux & remplis de vents,
Et toutes leurs fanfares vaines.
Eux-mefmes font les ennemis
Des pelerins de Paradis.

    Et ces vilains vfurpateurs

Des

Des biens d'autruy, gens execrables,
Cent fois pires que les voleurs,
Et deuant Dieu moins excusables.
Fault rendre les biens mal acquis
Si voulons auoir Paradis.

  Les autres mordent en riant,
Et ne ferment l'huis de derriere:
Des deux costez ils vont tranchant,
Comme les cousteaux de tripiere.
Ceux-la ne sont pas vrais amis
Des pelerins de Paradis.

  Il ne vous faut ces orgueilleux,
Ny ces ambitieux infames,
Que Dieu a forbanis des Cieux.
Pour a iamais brusler es flammes
Auec les diables, ennemis
Des Pelerins de Paradis.

  Vous ne cognoistrez ces iureurs,
Ces paillards, gourmans & yurongnes,
Ces auarres, & ces moqueurs,
Ennemis des bonnes personnes.
Ie vous prie ô tres-doux Sauueur,
Qu'il vous plaise changer leur cœur.
  Prenons congé mes compagnons,
Et de Iesus, & de Marie:
Il est temps que nous retournons
Visiter nostre bergerie,
Ie prens donc congé, mon Sauueur,
Mais ie vous laisse tout mon cœur.
  Si nous sommes bons Pastoureaux
Les loups ne feront plus la guerre
Ny a nous, ny a nos aigneaux,

I'en jurerois bien Sainct Tantierre,
Nous ne craindrons les ennemis
Des pelerins de Paradis.

AVTRE NOEL, SVR LE
chant chantez à Dieu grands &
petits, cy deſſus.

CHantons Noel grands & petits,
Eſleuons en Dieu nos eſprits
En ce temps de reſiouïſſance:
Chantons deüottement Noel,
A l'honneur du Dieu d'Iſrael,
Qui en ce monde a prins naiſſance.

Adam par ſon peché vilain,
Auoit perdu le Genre-Humain
(Sa poſterité bien-aimée:)
Mais Ieſus noſtre Redempteur
Eſt venu comme vray Paſteur
Cercher ſa brebis egarée.

Il nous eſt venu deliurer
Des griffes du lion d'enfer,
Pour nous attirer à ſa gloire:
Afin que chantons deſormais
Ce doux Noel à tout iamais,
Pour mieux celebrer ſa memoire.

Heureux ceux qu'il recognoiſtra,
Au grand iugement qu'il tiendra,
Vrais aigneaux de ſa bergerie:

Contens les rendras & ioyeux,
Les faisant citoyens des Cieux,
Pour y viure en ioye infinie.
  Les meschans il reprouuera,
Et au feu les condamnera,
Pour estre à iamais miserables:
Disant, departez-vous d'icy,
Allez en enfer tout noircy
De feux & d'horreurs effroyables.
  Allez maudits & reprouuez,
A iamais vous serez damnez,
A iamais sans misericorde:
Endurcis vous auez esté,
A iamais auez merité
D'enfer le gibet & la corde.
  Ie vous auois donné les Cieux,
Et le contenu en iceux,
A posseder par heritage:
Ie vous donnois mon Paradis
Qui vous estoit tres-bien acquis.
Pouuois-je donner dauantage?
  Mais,d'vn cœur trop mondanisé,
Vous auez le tout mesprisé,
Pour vous attacher à la terre:
Ayant vos cœurs trop arrestez
A recercher les voluptez
Plus fragiles que n'est le verre.
  Ie vous ay créez de ma main
Au temps que vous n'estiez rien,
Voire à mon image & semblance:
D'enfer ie vous ay rachetez,
Mais,vous ingrats & obstinez,

M'auez tous-iours fait resiſtence.
La foy vous m'auiez promis,
Et renoncé aux ennemis,
Lors du Sacrement de Bapteſme:
Mais, apres m'auoir delaiſſé
Vous auez du tout meſpriſé
Le Ciel & la gloire ſupreſme.
Ie vous ay ſouuent aduertiz,
Et ne vous eſtes conuertiz
A accomplir les bonnes œuures:
Le prochain vous auez trompé:
Et les biens d'autruy vſurpé,
Sans auoir eu pitié des pauures.
Puis Ieſus-Chriſt dira aux ſiens,
Venez, venez mes vrais Chreſtiens,
Poſſedons le vray heritage:
Le monde nous a mal-menez,
Mais puis-que ſommes eſchappez
Le Ciel ſera noſtre partage.
Lors les damnez diront entr'eux,
Craintifs, confus, & tous honteux,
Las! que nous ſommes miſerables:
Ceux-la nous eſtoyent en horreur,
Maintenant ils ſont en grandeur,
Et nous es flammes perdurables.
De là ils s'en iront criant
En Enfer, de feu tout bruſlant,
Pour iamais eſtre miſerables:
Iamais leurs maux ne finiront,
Mais tous-iours ils augmenteront,
En ce grand abyſme effroyable.
Et les bons s'en iront ioyeux

En la gloire des bien-heureux,
Comblez de ioye & de liesse:
Ou d'vn concert melodieux,
Ils feront retentir les Cieux
De chants de ioye & d'allegresse.
  Or chantons auec eux Noel
Cy-bas en ce monde mortel,
Respondant à leur chant celeste
Chantons alternatiuement,
Sur tout chantons deuottement,
Solemnisant de Dieu la feste.

EXHORTATION PVERILE

Sur, Audiui vocem de cælo, dicentem
mihi, scribe: Beati mortui qui in
Domino moriuntur. Apoc.14.

I'entendi vne voix qui descendit des Cieux,
Et me disoit ainsi, escri que: Bien-heureux
Ceux qui meurent en Dieu: Car apres cette vie
Ils viuront à iamais en la Gloire infinie.

  Entre plusieurs secrets & reuelations
Qu'eut Sainct Iean es deserts, & maintes visions,
Vne Ange l'asseura que nostre Ame immortelle
Viura à tout jamais en la gloire eternelle,
Pourueu qu'ayons gardé les Saincts Cõmãdemẽs,
Et que mourons en Dieu comme ses vrais enfans:
Nouuelle qui nous doit estre tres-agreable!
Puis-qu'entre les viuans rien n'est tant desirable

Que d'estre Bien-heureux:& qu'outre il n'y a rien
Qui doiue estre appellé, Nostre souuerain-bien.
Celuy qui est heureux est hors de tout seruage,
Et ne peut iamais rien souhaitter dauantage,
Car il possede Dieu, qui est le seul bon heur,
Et ioüissant de luy, il remplist nostre cœur.
Ce grand Móde n'a rien qu'esperances trópeuses:
Qui ne rendront iamais nos ames bien-heureuses:
C'est au Ciel qu'il nous faut guinder nostre desir,
Si voulons à iamais iouïr du vray plaisir:
Nous n'en auons icy seulement que la robe,
Qui couure le peché, & nostre cœur desrobe:
Le corps en est au Ciel : là nous le faut cercher,
Car il est impossible au monde le trouuer.
Nous viuons neantmoins auec que cet attente
De trouuer le ben-heur:& chacun se tourmente
De desirs superflus le cerchant icy-bas:
Mais c'est perdre le temps, il ne s'y trouue pas.
L'auarre conuoiteux le cerche en ces richesses,
Le vain Ambitieux,es grandeurs & noblesses:
Le Gourmant es morceaux , le Lubrique en son
       corps:
Mais ce n'est là qu'il est: il se trouue dehors:
Ou donc? Il faut mourir. C'est apres ceste vie
Qu'est ce contentement d'vne ioye infine,   (dit
Pourueu que nous mourós en Dieu, comme il fut
A Sainct Iean és deserts, ainsi qu'auons predit.
Il faut mourir de vray: c'est la loy de Nature,
Qui y a obligé l'humaine creature.
Ou sont ces Pharaons, ces Colosses d'orgueil,
Dont la ioye finit en larmes & en dueil?
Ou sont tãt de Cesars? Ou sont tant d'Alexandres?

Tant de Rois?tant de Grands?tous font reduits en
    cendres.   (reux:
Mais s'ils font morts en Dieu ils viuent bien-heu
Leurs corps font diffipez,leurs ames font es cieux:
Ils ont tout a fouhait, leurs Ames font contentes,
Ils font venus au poinct de toutes leurs attentes.
Quelques Grãds que foyõs faut regarder le port,
L'on ne peut eftre heureux finon apres la mort:
La Mere de Iefus ne fut pas bien-heureufe
Qu'ayant paffé le pas de la mort rigoureufe:
Vn feul de tous les Sainõts(tant fuft deuotieux)
S'il n'euft frãchy la mort, ne feroit dans les cieux.
Iefus dit en S. Luc , (fi i'ay bonne memoire)
Qu'il luy falloit mourir,pour entrer en fa Gloire.
Et nous? nous faut-il pas penfer à l'aduenir?
Et croire feurement qu'il nous faut tous mourir?
Il le faut,Dieu le veut: Mais las ! pas vn n'y penfe
Nonobftant qu'en voyons fouuent l'experience.
Nous y deuons penfer puis que noftre malheur
Dépend de n'y penfer: & que noftre bon-heur
Confifte à bien mourir:Ce que ne pouuons faire
Sans y penfer fouuent: ainfi le deuons croire.
Ceux qui meurẽt en Dieu fõt, sãs doubte,affeurez,
De viure à tout iamais fur les cieux azurez.
Mais faut mourir en Dieu:de là prouient la vie.
Apres la mort du corps en la Gloire infinie:
Et pour mourir en Dieu faut appliquer nos cœurs
Au feruice de Dieu:non comme feruiteurs,
Ains cõme vrais enfans,qui pour tout leur partage
Ne veulent que le ciel , ce tref-cher heritage
Promis aux gens de bien,qui s'eftans retirez
Des plaifirs d'icy bas s'y trouuent preparez:

Vrais enfans qui touchez de viue repentance
D'auoir offensé Dieu, contre leur conscience,
Disent auec Sainct Paul: Viure ie ne veux plus,
Ains desire mourir pour viure auec Iesus.
Iesus est mort pour moy, chetiue creature
Et pour me racheter par vne mort tres-dure.
Mais pour mieux asseurer en Dieu tout leur appuy
Ne doiuent posseder iamais le bien d'autruy:
Faire plaisir à tous, ne déplaire à personne,
Auoir pitié d'autruy, ainsi que Dieu l'ordonne:
Ne faire à son prochain, ou de cœur, ou de faict,
Que ce que desirons par luy nous est faict.
Pour biē mourir en Dieu c'est ainsi qu'il faut faire,
Et pour nostre salut chose tres-necessaire.
Mourir en Dieu rend l'Ame à sa perfection,
Et le corps glorieux en resurrection.
Mourir en Dieu nous est vn asseuré passage
Pour sortir des ennuiz du Monde & de seruage.
Mourir en Dieu nous est le beau chemin frayé
Pour sortir de prison du Diable & du peché.
Mourir en Dieu nous est la porte toute ouuerte
Pour voler droict au Ciel en la Gloire parfaicte.
Ceux qui mourront ainsi serōt donc biē-heureux
Et viuront à iamais en la Gloire des Cieux.

F I N.